Published by Collins
An imprint of HarperCollins Publishers
Westerhill Road
Bishopbriggs
Glasgow
G64 2QT

First Edition 2014

10 9 8 7 6 5 4 3 2 1

© Caroline Taggart 2014

ISBN 978-0-00-759130-5

www.harpercollins.co.uk

A catalogue record for this book is
available from the British Library

Typeset by Davidson Publishing
Solutions, Glasgow

Printed and bound at South China
Printing Co. Ltd

Author
Caroline Taggart

Contents

Introduction

Let me let you in on a secret. Or, in fact, several dozen of them. Some of them are the absolute basics of grammar, some are subtleties and a few are ways of working round a problem when the correct answer is tricky. These Grammar Secrets are what this book is all about. It points out a number of common errors and explains why they are wrong, and it tells us when we need to be meticulous and what we can be a bit more relaxed about.

It's a sad fact that lots of us are scared of grammar, and for a very good reason: we were never taught it. At some point in the twentieth century, some bright spark decided that we didn't need to study our own language, so grammar disappeared from the school curriculum. It led to a whole generation having a vague feeling that *The boy done good* wasn't quite right, without understanding why, and to another generation being in danger of not thinking there was anything wrong with it at all.

This is, to put it mildly, a shame. It's a shame because language, used well, is beautiful. It's the reason we admire the plays of Shakespeare and Stoppard, read the novels of Austen and Tolkien, or laugh at *Gavin and Stacey* and *The Simpsons*. Language, used well, is also effective. It tells people what we mean without our having to say, 'Well, you know what I mean.'

This may not matter much on a day-to-day basis, because people we are chatting to – in person, online and in texts – probably *do* know what we mean. But it does matter when we come to write down something that is longer than 140 characters or speak to someone in a formal setting. It matters in school projects, job applications, business reports, presentations, legal documents and much more. It matters because, rightly or wrongly, people judge us on the way we speak and write. Given that, as the saying goes, we have only one chance to make a first impression, we need to be able to make that impression clearly, accurately and unambiguously.

Those are a few reasons for learning grammar. But perhaps it's also worth clarifying what it is.

The strict definition of grammar has words like syntax and morphology in it, so let's not go there. Let's content ourselves with saying it is the structure of a language, the rules that govern the way a language works. It tells us what job a word is performing, how it relates to other words and how to put groups of words together to form sentences. It shows us how moving a single word from one position to another, or adding or omitting a comma, can change the meaning entirely. Yes, it involves rules. It involves learning what is right, what is wrong and what may be acceptable in one situation but not in another.

Whether we want to learn grammar from scratch or brush up skills we haven't thought about lately; whether we want to write a letter, take part in a debate or just express a coherent opinion, *Grammar Secrets* will help us on our way. And here's another secret: it doesn't have to be scary. It can even be quite fun.

About the author

Caroline Taggart is the author of a number of successful books about language, including *My Grammar and I (or should that be 'Me'?)*, co-written with J. A. Wines, *Her Ladyship's Guide to the Queen's English* and *500 Words You Should Know*. Her first book, *I Used To Know That* was a *Sunday Times* bestseller; more recently she has written *The Book of English Place Names*, *The Book of London Place Names* and, after travelling the country to sample local delicacies, *A Slice of Britain: Around the Country by Cake*. Her website is **carolinetaggart.co.uk** and she tweets at **@CiTaggart**.

Grammar
Secrets

To begin at the beginning …

Let's start with the way words work: the various tasks they perform that allow us to put a sentence together.

The car rolled relentlessly down the long drive and it crashed into the newly pruned hedge. Help!

Those two lines contain examples of all the different *parts of speech* – that is, the categories into which words are divided according to their function in a sentence. If you include the interjections and the articles or determiners (which not all experts do), there are nine of them. We'll go into more detail later, but these are the basics of what they do:

Noun
A naming word; one that gives a name to a person, thing or concept. *Name, person, thing* and *concept* are all nouns. As, in our sample sentence, are *car, drive* and *hedge*.

Pronoun
A word, often a very short one, that stands in place of a noun, so that you don't have to repeat the noun over and over again. In the example above, *it* refers back to *the car*.

Verb
The action or doing word: it tells you what is happening in the sentence, and because a verb may be in the present, past or future tense (or variations on that theme) it also tells you when it happened. *Rolled* and *crashed* are both verbs in the past tense.

Adjective

Adjectives *modify* or *qualify* nouns or pronouns, telling us
something specific about the person, thing or concept that
they denote. In this example, *long* gives us information about
the drive and *pruned* describes the hedge.

Adverb

Like adjectives, adverbs are *modifiers*, but their role is to
modify verbs, adjectives and other adverbs. How did the
car roll? It rolled *relentlessly*. What sort of pruned hedge is it?
A *newly* pruned hedge. Adverbs are often (but by no means
invariably) formed by adding *-ly* to an adjective.

Preposition

As the name suggests, a preposition shows where one thing is
in relation to another. *In, on, up, under, over, between, in front of,
behind* and, in our example, *down* and *into*, are all prepositions.

Conjunction

A conjunction joins two parts of a sentence. The most
common conjunction, as in our example, is *and*, which joins
two equally important parts of a sentence. *But, for, or, yet* and
so work in the same way; other conjunctions such as *because,
although* or *as soon as* link the main part of a sentence with a
subordinate clause (see page 47 for more about these).

Interjection

An interjection or exclamation (as in *Help!*) is used to show
a feeling or reaction – *Good grief! Oh no! Rubbish!* It is not linked
grammatically to the rest of the sentence – in our example it
forms not a sentence but what is known as a *sentence fragment*
(see page 37). It is often followed by an exclamation mark.

Determiner

The most common determiners are the indefinite articles (*a* and *an*) and the definite article (*the*). Others include:

- *this* and *that* (as in *this year* or *that address*) and their plurals *these* and *those* (*these leopards, those tigers*)

- the group of words known as quantifiers – *some, none, any, both, few* etc

- the possessive adjectives, *my, your, his, her, its, our, their*

The point of a determiner is that it *determines* or limits the meaning of a noun. In the sentence *A cat may look at a king*, for example, the indefinite articles show that we mean any old cat and any old king, whereas in *My cat may look at the king*, the identity of both cat and king is pinned down by the determiners.

Multi-tasking

Many, many words in English can function as different parts of speech depending on how they are used in a sentence:

> *There's a* light *at the end of the tunnel* (noun).
>
> *I need a torch to* light *my way home* (verb).
>
> *There was a* light *shower of rain this afternoon* (adjective).
>
> *She was wearing a* light *yellow dress* (adverb).

Or:

> *I always walk slowly and find myself at the* rear *of the group* (noun).
>
> *When a grizzly bear* rears *up on its hind legs, it looks enormous* (verb).
>
> *The* rear *entrance leads into the kitchen* (adjective).

This is nothing to worry about – you're already using these words correctly. Just remember that it is the word's *function* in a sentence, not the word itself, that defines what part of speech it is.

Is it a noun? Is it a verb?

A handful of words are pronounced the same but spelled differently depending on whether they are nouns or verbs. *Licence* and *license*, *practice* and *practise* are the most common.

The rule here is that – in British English – the noun has a *c* and the verb an *s*. The way to remember this is to be aware that there are other pairs of words that are *pronounced* differently as well as being spelled differently: if you know that *advise* is a verb and *advice* is a noun (*I* advise *you to take my* advice), you can apply the same rule to *licence* and *practice*:

> *Even James Bond needed a* licence *before he was* licensed *to kill.*
>
> *It is good* practice *to* practise *the piano before giving a recital.*

Two other familiar pairings in this group are *prophecy* (noun – last syllable pronounced *see*) and *prophesy* (verb – last syllable pronounced *sigh*), and *device* (noun – last syllable pronounced *ice*) and *devise* (verb – last syllable pronounced *ize*):

> *He* prophesied *that his* prophecy *would come true.*
>
> *He* devised *an intricate* device *for breaking into the safe.*

Here's another basic: the way we divide up the alphabet. Some letters are *vowels*; others are *consonants*. They are distinguished by the way our vocal tract works when we pronounce them (it really doesn't matter for our purposes but, for the record, vowels are produced by a fairly open tract, with vibration of the vocal cords, while with a consonant the breath is at least partly obstructed).

In English it's traditional to say that the vowels are *a, e, i, o* and *u,* and that all the rest are consonants. This is an over-simplification, however, particularly when it comes to *y.* In *symbol* or *hymn,* to name but two, *y* is clearly serving the function of a vowel: replace it with *i* in either of these words and the pronunciation would be the same. On the other hand, in *yellow* and *buoyant* it's a consonant.

We also have things that the experts call semivowels, such the *w* in *law* and *cow,* but that's getting a bit technical: what matters here is that when we say 'a vowel followed by a consonant', we know what it means.

Our first part of speech, *nouns*, can be divided into a number of categories that we'll look at over the next few pages. And yes, you're right, *less* and *fewer* are not nouns, they're determiners, but they've sneaked in here because they are associated with *countable* and *non-countable nouns*.

The supermarket cliché *five items or less* was coined by someone who didn't know about this distinction. That probably applies to most of us, but it really isn't rocket science.

A *countable* noun is used for things you can count: *one potato, two hats, eleven players in a football team*. The number doesn't have to be specified – you could have *some potatoes, a few hats, several players* – but these phrases are all a reasonable answer to the question 'How many?'

A *non-countable* or *mass* noun denotes something you can't count, but you can have *some of, more of*: *some sugar, more water*. It can also be something abstract: *some beauty, more gentleness*. The question being answered here is 'How much?'

With some nouns there is overlap: in a café we could order *two coffees* (countable, because you mean 'two individual cups of coffee') and then ask for *more coffee* (non-countable, because we mean 'an unspecified quantity, but more than we've had already'). However, going back to the supermarket, we find the key difference between countable and non-countable nouns. With countable nouns, if we take some away we have *fewer*. With non-countable nouns, if we take something away we have *less*.

How to remember? If you can have *a few* (*a few coins*, *a few downloads*), you have *fewer*. Hence *fewer items* – you can count them, one, two, three, four, five. If you can't (*a few beauty? a few money?*), you have to have *less*.

In addition to being countable and non-countable, nouns may be characterized as *proper nouns* and *common nouns*.

A *proper noun* (sometimes called a *proper name*) is usually written with a capital letter and is the name of a specific person, place, organization etc: *Abraham Lincoln, Madrid, the United Nations*.

Common nouns (they aren't described as improper) designate almost everything else: a non-specific person or place, a thing or an abstract idea. *Actor, city, pomegranate, manuscript, comedy, industry* and *fearlessness* are all common nouns. This category may be further divided into *concrete* and *abstract* nouns.
A concrete noun is anything you can recognize with your senses, that has a physical existence, however tiny or lightweight it may be – *food, clothing, shelter, butterfly, cobweb*.
An abstract noun is a concept, with no physical attributes – *happiness, wealth, generosity, poverty, meanness*.

Then there is something called a collective noun, which means a group or collection of individual things. Collective nouns are often used for animals – *a herd of cows, a flock of sheep* and there are lots of fancy (and fanciful) ones such as *a charm of goldfinches* and *a parliament of owls*. More importantly, there are plenty of everyday collective nouns that apply to people: *audience, team, staff, group* and so on.

There's more about the agreement of subject and verb on page 52; for the moment the point to remember is that collective nouns are singular, so they take a singular verb:

> *The herd* is *in the paddock.*
> *The audience* is *loving the play.*

But wait a minute. Sometimes the members of a group act as individuals and to treat them as a single entity becomes absurd. So we find the concept of *notional agreement*, which means regarding the singular-looking collective noun as a collection of individuals, rather than an indistinguishable group, and therefore treating it as plural. This makes it perfectly correct to say:

> *The herd* are *running around all over the place – some of them are in the paddock and some have got out on to the road.*

or

> *The audience* were *so bored that some of them left at the interval.*

Some pedants will tell you that a collective noun is singular, no matter what. You could blind them with science by talking about notional agreement, or go for a useful 'work round': simply add 'members of' to whatever you are saying. *Members of the audience, members of the jury, Members of Parliament* are clearly plural. It won't always work (*members of the herd?* Perhaps not), but it should avoid some of the arguments.

English has a knack of substituting a word that *describes* an attribute of something for the thing itself, as when we say 'The Crown' to mean the institution of monarchy or 'The City' to mean the financial institutions based in the City of London. The technical term for this is *metonymy*. We also use it when we say England (or Scotland or whoever), referring not to the country but to the members of a sports team. Television commentators are always being criticized for saying something like *England are playing from right to left*.

England is not a collective noun – the rule about members of a group behaving as individuals doesn't apply. So the purists may well be right to insist that *England* is *playing from right to left*. But *England* is *wearing the white jerseys* is silly, and in the heat of the moment *The members of the England team are wearing the white jerseys* is far too verbose to be practical. Let common sense – and a plural verb – prevail.

Apposition is a technical term – there really is no getting away from them in grammar – that means putting a word or phrase next to another in order to modify its meaning. The words that are in apposition are usually nouns or noun phrases (that is, phrases that serve the same purpose as a noun) and the key here is that the two words or phrases in apposition refer to the same person or thing:

> *Mr Bun,* the baker, *is popular in our village.*
>
> *The baker's wife,* Amanda, *is a cheerful soul.*
>
> *The tower,* a major tourist attraction in the town,
> *is 500 years old.*

Note that the phrases in apposition are separated from the main sentence by commas. This is usual with longer phrases but not necessary with single words: to write *The baker's wife Amanda is a cheerful soul* would be perfectly acceptable.

One a penny, two a penny

The regular way to make a singular noun plural is to add an *s*:

one book, two books
one train, two trains
one button, a row of buttons
one toy, a box full of toys
one monkey, a barrel-load of monkeys

If a word ends in a consonant followed by *y*, change the *y* to *i* and add *-es*:

one lady, two ladies
one cherry, a bowl of cherries
one party, a summer full of parties

Some words become difficult to pronounce if you add an *s*, so add *-es*, giving them an extra syllable:

one church, two churches
one waltz, two waltzes
one match, a box of matches
one box, a shoe shop full of boxes

There's even at least one word – *quiz* – where you have to double the final consonant and *then* add the *-es* to make the plural, *quizzes*.

A handful of words ending in -*o* also need -*es* to form their plurals:

> *one tomato, two tomatoes*
> *one potato, a plateful of potatoes*
> *one domino, a game of dominoes*
> *one mosquito, a plague of mosquitoes*

Why this should be so when *duos, demos, gigolos* and many others are happy with a mere *s* is difficult to say. It also doesn't apply to words ending in a double *o*, which form plurals such as *bamboos, cuckoos, igloos, tattoos* and *zoos*. There are even occasions where the choice is yours – dictionaries offer both *mementos* and *mementoes*, for example – so this is very much a case of 'if you aren't sure, look it up'.

A number of common words have irregular plurals drawn from their Old English roots. *Children* is an oddity, formed from an earlier plural, *childer*. Some change vowel – *man/men, woman/women, foot/feet, goose/geese, tooth/teeth, mouse/mice* – and some don't change at all – *sheep, deer, fish, cod*. This is the case with a surprising number of fish – *haddock, mackerel, plaice, salmon, sole, trout* – but not shellfish – *shrimps, prawns, lobsters, oysters*.

Perhaps the oddest rule of thumb in this book: if in doubt, don't put an *s* on the end of a fish.

A classical interlude

English plagues us with a number of Latin plurals, usually of nouns ending in *-us* or *-um* in the singular. These turn into *-i* and *-a* respectively:

one abacus, two abaci
one cactus, a windowsill full of cacti
one radius, two radii
one nucleus, any number of nuclei

one aquarium, two aquaria
one bacterium, a host of bacteria
one datum, a mass of data
one medium, multimedia

The last two in particular are beginning to fall out of use: most people now refer to *the media* as a singular entity; and only the most meticulous research scientists still say *the data suggest*. But strictly speaking both *media* and *data* are plural. There's also the oddity that, whether you treat it as singular or plural, *media* is the accepted term for the press, radio, television and so on. If you went to a number of séances, however, you could reasonably expect to meet several *mediums*.

More foreign plurals

Latin also gives us:

one index, two indices
one formula, a textbook full of formulae
one vertebra, a spinal cord of 33 vertebrae
one crisis, a series of crises
one series, a series of series
one species, a thousand species

Then there are the Greek plurals – not many of them, but worth learning for the simple reason that so few of us speak Ancient Greek these days that we're unlikely to work them out for ourselves. Some common ones are:

one automaton, two automata
one criterion, two criteria
one phenomenon, two phenomena

And, because English is the mishmash language it is, we have French plurals (*bureaux, chateaux*), Italian plurals (*virtuosi, paparazzi*) and the occasional Hebrew plural (*cherubim, seraphim*). These too are falling into disuse – you are quite likely to read about *bureaus, virtuosos* and *cherubs* – but purists will hold on to them for a while yet.

Greater than the sum of its parts?

A *compound noun* is formed by putting two or more words together to form something with a specific meaning, often subtly different from the meaning they would have separately: *boyfriend, greenhouse, stopwatch*. When these compounds are single words, making them plural is straightforward: follow the rules for any other noun (*boyfriends, greenhouses, stopwatches*).

The complication arises when a compound remains two or more separate words, possibly hyphenated, as in *daughter-in-law* or *commander-in-chief*. In cases like this, you need to understand which part is being pluralized. This is normally the *base element* – the more significant bit – of the compound.

Thus a couple might have *one daughter* and *one daughter-in-law*. Or they might have *two daughters* and *two daughters-in-law* (not *daughter-in-law*s). The singular concept of *in-law* doesn't change – it's only the daughters who become plural.

An army might have *a commander*, whose official title was *commander-in-chief*. Two armies would therefore between them have *two commanders-in-chief*, each of whom might have several *aides-de-camp*.

A busy international airport might have several *bureaux de change*, serving any number of *passers-by*.

There was a time when words ending in *-ful*, such as *spoonful* or *bucketful*, followed the logic that the thing being pluralized was the *spoon* or the *bucket*. But most people nowadays would consider *two spoonful* or *three bucketsful* old-fashioned and over-formal. Four teaspoonfuls of sugar may sound greedy but is grammatically acceptable.

Me or I?

In English (unlike Latin and German, say), nouns don't change their ending according to their function in the sentence. We indicate their relationship to the verb with word order. The words in the sentences *The dog bit Steve* and *Steve bit the dog* are exactly the same, but the order alters the meaning completely.

This isn't true of pronouns. Word order is still crucial, but the words themselves change also:

> *He* bit the dog.
> The dog bit *him*.

or

> *I* spoke to the doctor.
> The doctor spoke to *me*.

The same applies to *she/her, we/us* and *they/them* – though not to *it* or *you*, which serve as both subject and object.

Most of us get this right instinctively. The difficulty arises when we are combining a noun and a pronoun in what is known as a *compound subject* or a *compound object*.

'My husband and I,' the Queen used to intone at the start of each year's Christmas message, and that may be one of the reasons we tend to think that 'I' is posh and 'me' is common. Not so. Even Her Majesty would have said, 'My husband and me' if it had come in a different part of the sentence.

In grammatical terms, *I* is the subject pronoun and *me* is the object. More about that on page 32; for the moment you need to know that the subject is the thing *performing the action* in a sentence; the object is the thing being *acted upon*.

So:

> *My husband and I* would be delighted to come to your party.
>
> Thank you for inviting *my husband and me*.

In the first sentence, the action is 'being delighted' and *my husband and I* are the people doing it; in the second, the action is 'inviting' and it is being done to *my husband and me*.

If in doubt about which to use, put mental brackets round 'my husband and', to leave the pronoun on its own. This should tell you whether you are dealing with a subject or an object. You wouldn't say 'Me would be delighted to come to dinner' or 'Thank you for inviting I.' Would you?

When it comes to indirect objects (see page 34), there is a simple rule for pronouns: after a preposition (a word such as *at, to, for, in, on, under* etc), use the object form: *at her, to me, for us, under them*. The same applies with a compound object: *The invitation was addressed to my sister, her family and me; I replied on behalf of her and her children*. Again, check by imagining the sentence without the noun elements of the compound. This leaves *The invitation was addressed to me* (not *I*) and *I replied on behalf of her* (not *she*).

Comparing like with like

If you say that one thing is *the same as* another, you are – obviously – comparing like with like. It makes sense that the things you are comparing should have the same form. The same rule applies when you are comparing two things that aren't precisely alike, using expressions such as *more than* or *less than*. This is another example of 'strictly speaking', where most people break the rule, but it's worth giving it some thought.

Nouns, as we have seen, look the same whether they are the subject or object of the verb. So a sentence such as *Luke likes Jane more than Mary* is ambiguous. To express your meaning precisely, you have to expand slightly and say either *Luke likes Jane more than he likes Mary* or *Luke likes Jane more than Mary does*.

Not the same thing at all.

With pronouns, you can take advantage of the subject and object forms to be both precise and concise. Consider the difference between *He gave her the same present as I* and *He gave her the same present as me*.

To make sense of this, again you need to expand the sentences slightly. Then you'll see that there is a world of difference between *He gave her the same present as I* [*did* i.e. as I gave her] and *He gave her the same present as* [*he gave*] *me*. In the first example, *I* is the subject of *gave* (I did the giving); in the second *me* is the object, the person receiving the gift.

It doesn't always matter, but when you're arguing about presents or about who likes whom, you may just find that it does.

… and in English grammar there are three persons: first, second and third.

The first person singular is *I* or *me*.

The second person, singular and plural, is *you*. (The singular, informal words used to be *thou* and *thee*, with *you* reserved for plurals or a sign of respect, like *tu* and *vous* in French. However, this distinction is no longer made in Standard English and even when *you* refers to only one person it takes a plural verb.)

The third person singular is *he/she/it* or *him/her/it*.

The first person plural is *we*.

The third person plural is *they* or *them*.

Remember this as you read on.

Speaking for myself

Myself, yourself, himself, herself, itself, ourselves, yourselves and *themselves* are *reflexive* pronouns, used when the subject of a sentence or clause does something (directly or indirectly) to him/herself:

> *I bought* myself *a new pair of gloves.*
> *I hear you have been sunning* yourself *in Sicily.*
> *He cut* himself *shaving.*

I say 'directly or indirectly' because in the first example *myself* is the indirect object (it could be rephrased as *I bought the new gloves* for myself), whereas the others are direct objects. See page 34 for more about this.

The same words are also used as *emphatic* pronouns, in sentences such as:

> *Don't bother to come with me — I can find the way* myself.
> *I want you to do this* yourself *— no copying from the Internet.*
> *It was a relief when the last guest left and they could spend the evening by* themselves.

Sadly, these handy words have fallen into misuse because of the widespread concern about getting pronouns wrong and the misguided desire to avoid the word *me*. It is now common to hear:

> *We'll reply to* yourselves *as soon as possible.*
> *Myself and my associate will be with you at 11 o'clock tomorrow.*

There's no need to stress the pronoun in either of these examples: *we'll reply to* you and *my associate and* I *will be* ... are all that is required.

It's worth pondering what will happen if we continue to debase strong words like these: if emphatic words become commonplace, what will we do for emphasis? Will we be reduced to saying, *I can find the way my very own self*, as if we were three years old? Don't fall into this trap.

The previous sections have mentioned subjects and objects, with the promise that they will be explained in due course. Before we go on to consider the other parts of speech, therefore, let's take a detour to look at the structure of a sentence.

A simple sentence consists of a *subject*, a *verb* and an *object* – what grammar pundits call *SVO*. Take these examples:

> *I am reading a book.*
> *You made an appointment.*
> *The children will do their homework.*

The *verb* is the bit that tells us what is happening and when: *am reading* (now), *made* (in the past), *will do* (in the future).

The *subject* answers the question 'Who is performing the action?' or 'Who is doing whatever is being done?' In these examples, *I*, *you* and *the children*.

The *object* is the thing that the action is being done to. It answers the question 'what?' What am I reading? *A book.* What did you make? *An appointment.* What will the children do? *Their homework.*

Word order is usually inverted to ask a question:

> *Are you reading a book?*
> *Did you make an appointment?*
> *Will the children do their homework?*

MALTE

12e édition (1992/1993)

Mise à jour: 1992, 1991, 1989, 1987, 1986, 1984, 1983, 1982

It may also be altered for emphasis or contrast. *I can understand that*, for example, is a simple statement with no particular emphasis. *That I can understand* suggests that you have been baffled so far, but now something straightforward has been said. Similarly, *I'm fond of primroses and tulips but daffodils you can keep* is a more powerful, emphatic way of saying *I don't like daffodils*.

The objects in the simple sentences given in the previous
section are all *direct* objects. A more complex sentence might
have an *indirect* object too. Consider:

I gave Rachel the book.
She sent her grandmother a letter.

To analyse these sentences, you have to ask the same questions
as before. What did I give? *A book.* What did she send? *A letter.*
These are the *direct* objects, the things to which the action of
the verb happens. The *indirect* objects are also affected by the
action of the verb, but only *indirectly*. This might make more
sense if you rework the sentences to produce:

I gave the book *to Rachel.*
She sent a letter *to her grandmother.*

If you can put a preposition in front of it in this way, it's an
indirect object. And although *She sent a letter to her grandmother*
might sound a bit heavy, *She sent a letter to everyone on the list* and
She sent a letter to the local paper follow the same grammatical
formula and sound absolutely fine.

Not all verbs take objects. Some, notably *to be*, take a complement.

In the sentence *I am a doctor*, for example, the verb *am* is not performing an action on *a doctor*. Instead, *a doctor* completes the verb, makes it whole, makes it make sense. Or, in technical speak, it *complements* the verb.

The same applies to other verbs that express a state rather than describe an action: *to seem, to appear, to look, to sound, to feel, to become, to taste* and so on. Complements take many forms: in the following examples, the words in italics are all complements:

> Her name is *Laura*.
>
> He seemed *less cheerful than usual*.
>
> It appears *to be clearing up*.
>
> You look *like a million dollars*.
>
> That sounds *like her car*.
>
> We felt *better when we heard the news*.
>
> She became *a very good friend*.
>
> The sauce tasted *very salty*.

Other verbs may take complements in certain contexts: *to turn* (as in *the weather turned nasty*, rather than *he turned the corner*), for example, or *to sound* (as in *his illness sounds serious*, rather than *when fire broke out he sounded the alarm*).

A lot of this is for grammatical interest only. It becomes important when you use a pronoun as the complement of the verb *to be*, because it means that the pronoun should be in the subject form: *It is I* or *It was he*, rather than *It is me* or *It was him*. Using the informal 'It's me' when you ring your mother will offend very few people, but it is, strictly speaking, incorrect.

Bits and pieces

In some styles of writing – and a lot of speech – it's acceptable to use groups of words that are not complete sentences, but to treat them as if they were. That is, to start them with a capital and end them with a full stop, a question mark or an exclamation mark, even though they don't contain a main clause with a finite verb.

These groups of words are called *sentence fragments*. Long though it is, the last 'sentence' in the previous paragraph is actually a fragment. The main clause is understood to be *it's acceptable*, but it isn't expressed.

Sentence fragments are often quite short and may take the form of exclamations or questions:

All those books! For under £5!

Heavens! Six o'clock already!

Get there in time for lunch? Without leaving at dawn? No chance!

They can also be part of dialogue:

'Did you pass?' 'With distinction' (a fragmentary answer, clearly meaning *'Yes, I passed with distinction'*).

'What did she tell you?' 'To mind my own business' (*'She told me to mind my own business'*).

'I hear you've been away.' 'Only for three days' (*'I've been away for only three days'*).

You can see that these examples are all quite informal. In formal writing it's probably better to rewrite or repunctuate so that you end up with complete sentences. In the first paragraph of this section, for example, I could easily have incorporated my fragment into the previous sentence, by putting a colon. If I hadn't been trying to make a point.

To infinity and beyond

I said earlier that the verb in a sentence tells you not only what is going on but when it happened. It also, hand in hand with the subject, tells you about the number of people or things involved in the action.

It does this either by changing its ending or its form – technically known as *inflecting* – so that *learn* becomes *learns* in the third person singular present and *learned* in the past tense; or by the use of auxiliary verbs (see page 44) – *will learn, has learned, may have learned* etc. With irregular verbs, inflection can be more complicated – *teach* becomes *taught* rather than *teached* in the past tense, for example, and *know* becomes *known* – but the grammatical principle is the same. The changes convey information about time, person and number.

Verbs like this are called *finite* verbs. The very fact that they convey this information restricts or refines their meaning: *has learned* cannot be first person future, for example, because its auxiliary and its inflection combine to tell us that it is third person singular past. Its meaning is *finite*.

The opposite of this is the *infinitive*. Usually preceded by the word *to* – *to learn, to know, to happen* – the infinitive is the *base form* of the verb: the uninflected, unchanged form that tells us nothing about time, person or number. Its meaning, in grammatical terms, is infinite.

To boldly split …

Putting any word between the *to* and the base verb of an infinitive was once regarded as one of the worst of grammatical sins: *Star Trek*'s notorious *to boldly go* raised many a disapproving eyebrow in the 1960s. But the recent fashion has been to point out that English grammar rules were invented in the eighteenth century by a group of pedants schooled in Latin and Greek and that in both those languages the infinitive is a single word that couldn't be split anyway. This, the modernists maintain, makes a nonsense of the rule about not splitting English infinitives.

Whether or not you want to get involved in that argument, there are times when putting an adverb in the middle of the infinitive is the only way to avoid making a sentence sound clumsy or pedantic. It may also avoid ambiguity. In an example such as *The burglar prepared carefully to disable the alarm that he knew would go off as soon as he entered the building*, it isn't clear whether the preparation or the disabling was being done carefully. If it's the preparation, we can say *Carefully, the burglar prepared …* But if it is the disabling, where is the adverb to go?

If we go for *The burglar prepared to disable the alarm carefully that he knew would go off as soon as he entered the building*, we have clumsily separated *that* from the noun it refers to, *alarm*.

On the other hand, *The burglar prepared to disable the alarm that he knew would go off as soon as he entered the building carefully* alters the meaning again – this time it is surely the entering that is being done carefully.

Splitting the infinitive, to produce *The burglar prepared to carefully disable the alarm that he knew would go off as soon as he entered the building* is probably the best option.

It may still raise some eyebrows, though. Be prepared to argue your case. And point out that avoiding the issue altogether, by saying *The burglar prepared for the careful disabling of the alarm*, would sound very stilted indeed.

A useful rule, however: don't, when you are splitting an infinitive, split it with more than two words at the most:

He started to very quietly creep along the corridor is just about OK.

He started to as quietly as he could creep along the corridor is absolutely not.

Running down the road ...

Like an infinitive, a *participle* is a non-finite form of the verb –
it becomes finite when used in association with an auxiliary
(see page 44). In English, all verbs have two participles –
a *present participle*, which ends in *-ing* (*being, doing, laughing,
reverberating*) and a *past participle*, which in regular verbs ends
in *-ed* (*worked, played, strolled, hurried*), but in irregular verbs can
take a variety of forms (*been, gone, taught, written* and so on).

Here are some examples of auxiliaries and participles
combining to form finite verbs:

> *Because he* was running *so fast, he didn't see the ice until it was
> too late.*
>
> *He* had been hanging *on for dear life for hours; the rescue party
> seemed to take forever.*
>
> *I* was shattered *by the news. I could do nothing but cry for days
> afterwards.*
>
> *Tom's mother* was worried *because he was late home. She eventually
> called the police.*

Participles may also be used without auxiliaries. In each of
the following examples, the participle introduces a phrase that
modifies the subject of the sentence:

> Running *down the road, he slipped on the icy surface.*
>
> Hanging *on for dear life, he managed not to fall before the rescue
> party arrived.*
>
> Shattered *by the news, I could do nothing but cry.*
>
> *Tom's mother,* worried *that he was so late, called the police.*

Alternatively, a participle may be used simply as an adjective:

The running *battle between the two sides is likely to continue for generations to come.*

Fuchsias drooped from the hanging *basket.*

She picked up the pieces of the shattered *mirror.*

His worried *mother called the police.*

Finally, the present participle form is used as what is called a *verbal noun* or *gerund*:

Swimming *is an excellent form of exercise.*

Revising *during the holidays is tedious.*

I am always annoyed by his preaching *at me.*

It's another example of the flexibility of words: the same form can perform any number of roles according to the needs of the sentence.

Experts differ about how many tenses English verbs have. Past, present and future are the obvious ones, but there are different ways of expressing actions in each of those time zones – you might have a continuous tense forming the background to a single, one-off action (*He* was walking *down the road when the rain* started). Tenses may also tell us that something might happen but hasn't yet, or might have happened but didn't. Some say there are as many as thirty tenses, but let's not get bogged down in all of those here.

With regular verbs, the past simple or simple past (also sometimes known as the preterite) is formed by adding *-ed* to the infinitive form (or just *d* if the infinitive ends in *e*). Sometimes you have to double the final consonant too:

> *to groan, I groaned*
> *to smile, you smiled*
> *to bat, he batted*

But most other tenses are formed using what we call *auxiliary* (helping) verbs. These are various forms of *do*, *have*, *shall* and *will*:

> *I* did *ask permission.*
> *You* have *been a long time.*
> *I* shall *do what I promised to do.*
> *They* will *teach you a lesson.*

The term auxiliary verb also embraces words such as *may, should, would, can, must, ought, need* which express possibility or obligation:

> *I* may *go if it doesn't rain.*
> *You* should *make a point of writing to them.*
> *They* would *be so grateful if you did.*
> *We* can *take a taxi if we miss the last bus.*
> *You* must *not talk to your father like that.*
> *You* ought *to be ashamed of yourself.*
> *He* needs *to learn some manners.*

Sometimes auxiliaries are more complicated than this:

> *I* should have *known better than to expect you to be on time.*
> *By the time you receive this, I* shall have *been in Mexico for over a week.*
> *If you had given me more warning, I* could have *gone with you.*
> *I didn't hear you come in – I* must have *been fast asleep.*

An important thing that those last four examples have in common is that the auxiliary in each of them includes *have*. In speech this is often abbreviated to *'ve – I should've known better, I must've been fast asleep.* Sadly, if you don't know about auxiliary verbs, you are quite likely to say *should of, must of –* and this is an error that is becoming more and more widespread. But it *is* an error: there is no grammatical justification for *should of* or *must of*. If you understand how this sort of sentence is put together, you won't make the mistake.

Can and may

Frequently used interchangeably in casual conversation, these words do have usefully distinct meanings, as do *could* and *might*, their equivalents in the past or conditional tenses. *Can* and *could* indicate possibility, capability; *may* or *might* are about having permission.

If you asked a pernickety person, *Can I come with you on Monday?*, he or she might reply, *If you haven't lost the use of your limbs* or *If you haven't died by then*. What you are really asking is *May I come ...?*, that is, *Do I have your permission ...?*

In the same vein, *I asked if I might come* is more accurate than *I asked if I could come,* though there is no denying that in speech it sounds over-formal.

A similar distinction can be made between *could* and *would*. *Could* again indicates possibility; *would* refers to willingness. Strictly speaking, *Could you put that case on the rack for me?* is asking if the person you are addressing is tall enough to reach and has sufficient strength to lift your luggage. That same pernickety (but tall and strong) person might reply, *I could, but I don't see why I should.* The question should really be *Would you (be kind enough to) ...?*

A simple sentence, as we saw, contains a subject, a verb and an object (let's forget about complements for the moment). But many sentences are more complicated than that. They contain additional, explanatory clauses and phrases.

The difference between a clause and a phrase is that a clause contains a finite verb and a phrase does not. Clauses may be divided into *main clauses*, which can stand alone as a sentence, and *subordinate clauses*, which cannot.

Take this simple sentence:

Emma ate the cake.

It contains a single main clause. But perhaps you want to tell us more. How about:

Emma ate the cake and she promptly felt sick.
Emma ate the cake and Nick had the sandwiches.
Emma ate the cake, but Nick didn't want any.

These are *compound* sentences containing two *co-ordinate* main clauses. If you removed the conjunction (*and* or *but*) in each case, you would have two perfectly acceptable sentences (*Emma ate the cake. She promptly felt sick*). Co-ordinate clauses are linked by co-ordinating conjunctions; in addition to *and* and *but*, a common one is *or*:

Emma had to eat the cake or it would have gone stale.

But then consider this:

> *Although she had had lunch only an hour before, Emma, who had never had any self-control, ate the cake the moment my back was turned.*

That simple sentence has turned into a complex one with three subordinate clauses.

Although she had had lunch only an hour ago contains a finite verb (*had had*), but it can't stand on its own: if you put a full stop after *ago*, you wouldn't have a complete sentence.

Who had never had any self-control has the same finite verb, *had had*, but again isn't a stand-alone sentence. The same goes for *the moment my back was turned* – *was turned* is a finite verb, but the whole thing is a subordinate clause, not a sentence.

In other words, a sentence must have a main clause – in this instance, *Emma ate the cake* – and it may then have any number of subordinate clauses, all related to it in one way or another.

Speaking of subordinate clauses ...

We saw earlier that pronouns change their form depending on their function in the sentence; *he* is the subject, *him* is the object etc. The same applies to *who* and *whom*, which can be used to ask direct or indirect questions (see page 107 for more about these) or to introduce subordinate clauses. In any of these contexts, *who* is the subject form, *whom* is the object.

In direct questions:

> Who *wants to come with me?* (the verb is *wants* and *who* is its subject).
>
> Whom *are you going to meet?* (the verb is *meet* and *whom* is its object).

In indirect questions:

> *I asked* who *wanted to come with me* (*who* is the subject of the verb *wanted*).
>
> *I wondered* whom *she was going to meet* (*whom* is the object of the verb *meet*).

Introducing a subordinate clause:

> *The people* who *live here* (*who* is the subject of *live*).
> *The people* whom *I visit* (*whom* is the object of *visit*).

As with other pronouns, the object form *whom* is required after a preposition:

> *I want to know to whom you leaked that information.*
> *There is no one for whom I would make that sacrifice.*

There's a school of thought that says these last examples are formal and old-fashioned. The way round this is to join the school of thought that is happy to end a sentence with a preposition (see page 82) and to say:

> *I want to know who you leaked that information to.*
> *There is no one who I would make that sacrifice for.*

Whom is grammatically correct in both those sentences, but sounds stilted in this construction. In the latter example, you can even leave out the *who* altogether:

> *There is no one I would make that sacrifice for.*

These last three examples would all be deemed a bit casual in formal writing, but acceptable to most people in speech.

So that was a clause …

… what about a phrase?

A phrase is any combination of words that doesn't contain both a subject and a finite verb. It may contain as few as two words, and it may contain *either* a subject *or* a finite verb, but not both.

There are several kinds: noun phrases, verb phrases, adjective phrases and adverb phrases, all serving the same purpose as their respective parts of speech. The following are two examples of each, with the relevant phrase in italics:

A curious incident occurred last night.

Playing the piano is a great pleasure for me.

A phrase *may contain* as few as two words.

A phrase *may contain a subject or a finite verb*.

It was a *completely horrible* day.

I am *afraid of the dark*.

He marched along the street *with his head held high*.

There is a crock of gold *at the end of the rainbow*.

Funnily enough, a verb phrase isn't the same as a *phrasal verb*. A phrasal verb is a verb to which a preposition has been added to give a set meaning: *she struggled to* bring up *her children; he called* off *the party because he was ill; we all* turned out *in support of the strike*.

Don't worry too much about this: just be confident that you'll understand what people are talking about when you come across technical jargon.

In any sentence the verb should agree with the subject. That means that a singular subject needs a singular verb and a plural subject a plural verb. With regular verbs in simple sentences, this is straightforward: in the present tense, the third person singular form of a verb (the one that goes with *he/she/ it*) has an *s* on the end; all the other forms are the same as the base verb or infinitive:

I hope	*We hope*
You hope	*You hope*
He/she/it hopes	*They hope*

To form the third person singular of verbs ending in a consonant followed by a *y*, change the *y* to an *i* and add *es*:

I carry, he carries
I party, he parties

But

I repay, he repays

Of course, there are irregular verbs. The most common of these is *to be* and its present tense goes like this:

I am	*We are*
You are	*You are*
He/she/it is	*They are*

Have changes to *has* in the third person singular; *go* changes to *goes* and *do* to *does*.

Most verbs have only one form in the simple past:

I hoped   *We hoped*
You hoped   *You hoped*
He/she/it hoped   *They hoped*

I did   *We did*
You did   *You did*
He/she/it did   *They did*

Again, *to be* is an exception:

I was   *We were*
You were   *You were*
He/she/it was   *They were*

So it is wrong in Standard English – although widespread in many parts of the country – to say, in a simple sentence, *I were* or *we was* (see page 61 for what happens to this rule when sentences become more complicated).

We all agree too …

There are occasions when the number of the subject
(i.e. whether it is singular or plural) can be confusing. We saw
on page 17 the difficulties that arise with collective nouns.
Consider also:

She is one of those people who never give *a straight answer.*

It may feel slightly odd, but you need to ask yourself what is
the subject of the verb *give*. It is part of a subordinate clause
introduced by *who*, which refers back to *those people*. So the
subject is not *she*, but *those people* – and they require the plural
verb *give*.

Even odder are sentences whose subordinate clauses are
introduced by expressions such as *along with* or *as well as*:

The alcohol, along with the fermented fruit, is *what gives the cake
its rich flavour.*
My mother, as well as several of her friends, is *going to the South
of France for the summer.*

In these examples, the commas serve the same grammatical
purpose as brackets. The words in between could be removed
from the sentence without affecting the grammar, leaving
sentences that begin *The alcohol is* and *My mother is* – both
clearly singular subjects which require singular verbs.

Rule: in a complicated sentence, work out what the subject
of each clause is – that will dictate the form of the verb.

An either/or situation

When used as determiners (often in conjunction with *or* or *nor*), *either* and *neither* are both singular:

> Either *her son* or *her daughter* helps *her with her shopping.*
> Either *of them* is able *to walk farther than she can.*
> Neither *Peter* nor *Paul* wants *to come tomorrow.*
> Neither *of them* has given *my feelings a thought.*

Rule: *either* and *neither* offer a choice – one thing *or* the other – hence the singular verb.

If the choice is between two plural subjects, the verb is plural too:

> Either *the raspberries* or *the strawberries* have *to go on top of the pudding.*
> Neither *card games* nor *jigsaw puzzles* amuse *me.*

But if one of the subjects is plural and the other singular, the verb agrees with the one nearer it:

> Either *the pineapple* or *the strawberries* have *to go on top of the pudding.*
> Neither *card games* nor *chess* amuses *me.*

Each and *every* are also singular, so not only do they take singular verbs, they take (if necessary) singular possessive adjectives too.

Each *episode in the series* finishes *on a cliffhanger.*
Every *guest* was given *a goody bag to take home.*
Each *book* is *signed by* its *author.*
Every *dog* has its *day.*

However, four common words can be either singular or plural depending on whether they are attached to countable or non-countable nouns (see page 14). These are *any, some, most* and *all*:

Is any *of that pudding left?*
Are any *of those biscuits left?*

Some *of the pudding* is *in the bowl.*
Some *of the biscuits* are *on the plate.*

Most *of the pudding* was *eaten yesterday.*
Most *of the biscuits* were *eaten yesterday.*

All *the cake* is *in the tin.*
All *the biscuits* are *for the visitors – keep your hands off them.*

There are a number of words that look as if they should be plural but are treated as singular when it comes to the agreement of the verb. Confusingly, there are others that can be either singular or plural.

If you're unlucky enough to be afflicted with measles or mumps, you have a choice:

> *Measles are horrid if you get them as an adult.*
> *Mumps are even worse.*

and

> *Measles is horrid if you get it as an adult.*
> *Mumps is even worse.*

are equally correct.

In the field of sport, *billiards* and *rounders* are singular. *Athletics* and *gymnastics* can be either, but there are slightly different shades of meaning depending on which you choose: *Gymnastics is my favourite sport* feels right in the singular, because you are talking about the whole, all-embracing idea of gymnastics: one single sport, on a par with the obviously singular tennis or hockey. Whereas *Stop jumping on the furniture – you'll hurt yourself with all those gymnastics* refers to a number of physical activities and logically becomes plural.

The same thing applies with plural-looking academic subjects:

Mathematics (single subject, on a par with French or history) *was always my worst subject at school* but *the mathematics* (all those calculations) *of the programming operation were beyond me.*

Politics (single subject) *is often combined with philosophy and economics* but *His politics* (his various beliefs) *are well to the right of mine.*

Let's see how it pans out

In a sentence such as *There is gold in them thar hills*, *there* is what is sometimes called a *dummy subject*. It's a grammatical convenience, without any real meaning. The subject of the sentence is the answer to the question, 'What is there?' or 'What are there?' So the verb is singular or plural, depending on the answer to that question.

In other words *There* is *gold* but *There* are *gold mines*.

Similarly:

> *There* is *no doubt in my mind* but *there* are *doubts about his honesty*.
>
> *There* is *cheese in the fridge* but *there* are *six cheeses on the cheeseboard*.
>
> *There* was *an old man with a beard* but *there* were *three men in a boat*.

There are a few occasions when the verb *to be* looks as if it doesn't agree with its subject. This phenomenon occurs in the expression *if I were you* and in song titles such as *If I Were a Rich Man* and *If You Were the Only Girl in the World*.

This isn't a mistake. It's what we call the *subjunctive mood*.

An ordinary statement is in the *indicative mood*. It states that something has happened, is happening or is about to happen. It can be in the negative – stating that something *hasn't* happened – but even so it is definite.

The subjunctive expresses doubt, fear, possibility rather than certainty. Look back at the examples in the first paragraph: you could put *but I'm not* or *but you're not* after all of them. The clauses in the subjunctive are known not to be true – they may not be exactly false, but they are no more than possibilities. There is a world of difference between the optimistic:

If I get into Cambridge, I will change the world.

and the more wistful:

If I were to get into Cambridge, I would change the world.

You can use the subjunctive in questions, too:

If you get into Cambridge, will you change the world? is the indicative mood, suggesting a possibility but expressing neither likelihood nor doubt.

If you were to get into Cambridge, would you ...? is subjunctive and much more dubious.

The subjunctive is also used in expressions of demand or request, and in these instances it takes the base form of the verb (that is, the infinitive without the *to*):

> *I demand that he* be *banned from the club.*
> *He suggested that she* remove *her high heels before crossing the lawn.*

For the sake of completeness, I should mention that, in addition to the indicative and the subjunctive, English has a third mood, the *imperative*. It occurs in commands, uses the base form of the verb and is easily dealt with:

> Do *this.*
> Don't *do that.*

Actually, it's a little more complicated than that, because imperatives can be perfectly polite: *Please remember me to your parents* also uses the imperative mood, but no one could call it bossy.

In addition to the three moods just mentioned, English has two *voices*, active and passive. In grammatical terms *voice* is a complex concept, but what it boils down to is that in the active voice the subject performs the action of the verb; in the passive voice the subject is acted upon.

> *He kicked the ball* is active (the subject, *he*, does the kicking).
>
> *The ball was kicked into touch* is passive (the subject, *the ball*, has the kicking done to it).

This is nothing to worry about; you're probably using these voices perfectly correctly when the need arises. It's just another technical term that you may come across.

However, it's worth mentioning a point of style. The passive is useful when you don't know who the subject is:

> *He* was attacked *on his way home.*
>
> *When I went to check out, I found that my bill* had already been paid.

But don't be fooled into thinking it is somehow more literary or more thoughtful than the active. On the contrary, it will make your writing bland if you overdo it. The active, energetic *His swashbuckling performance* stole *the show* is much more exciting than *The show* was stolen *by his swashbuckling performance.*

Be warned: the passive voice isn't called passive for nothing.

I object

In addition to being active or passive, indicative or subjunctive, verbs are classified as *transitive* or *intransitive*.

A *transitive verb* has to have an object in order to make sense. There's little point in saying, for example, *he hits*, without specifying *what* he hits. It doesn't matter if he *hits the ball*, *hits the ceiling* or *hits the nail on the head* – the point is he has to hit *something*. A sentence whose main verb is transitive answers a question beginning with *what*: *What did he hit?* Answer: *He hit the ball/the ceiling/the nail on the head.*

Similarly:

> *I love my garden.* (What *do I love? My garden.*)
> *You are learning Spanish.* (What *are you learning? Spanish.*)
> *They saw a polar bear.* (What *did they see? A polar bear.*)

An *intransitive verb*, on the other hand, stands on its own. Take, for example, *he arrived.* You may want to modify this with any number of adverbs or adverbial phrases – *he arrived early, he arrived at my house, he arrived in a state of collapse.* These explain *when*, *where* or *how* he arrived, but you can't sensibly ask the question *He arrived* what? That's what makes it an intransitive verb.

Many verbs can be used both transitively and intransitively.

> *The children are playing football* (transitive – you can ask the question *What are they playing?* and get the answer, *Football*).

The children are playing in the garden (intransitive – *in the garden* tells you *where* they are playing, not *what*).

I am writing a book (transitive – what *am I writing*? *A book*).

I write for a living (intransitive – *for a living* tells you *how* or *why*, but not *what*).

Why do we care about this? Turn the page and find out.

Are you calling me a liar?

Knowing about transitive and intransitive verbs should help you distinguish between two common words that are frequently confused: *lay* and *lie*. Most (but not all) of the confusion can be sorted if you know that *lay* is a transitive verb, and *lie* an intransitive one. You *lay one piece of paper on top of another*; you *lay the table* or, if you are a bird or a platypus, you *lay an egg*. But you always, in the present tense, lay *something*.

On the other hand, you can *lie on the floor* or *lie through your teeth*, but the verb is complete in itself – again, the endings of those sentences answer the questions *where* or *how*, but not *what*.

The past tense and past participle of *lay* are both *laid* (*He* laid *the table for breakfast, then went to collect the eggs that the hens* had laid *overnight*).

The difficulty arises with the past tense of *lie*. If you're telling lies, you're fine, because in the past this is *lied* (*He* lied or *He had* lied *to get out of trouble*). In the sense of *to lie down*, the past participle is *lain* (*He had* lain *in the sun for so long that his back was scarlet*).

But the simple past tense of *lie* is *lay*:

I lay *on my bed until I felt better.*

Yes, that's right. The present tense of one of these verbs is the same as the past tense of the other.

There may not seem to be much logic to this, but that can be said about a great deal of the English language. Sometimes you just have to accept that this is the way it is, learn it and try to remember it. The rules about *lay* and *lie* come into this category.

Try to understand

Try and instead of *try to* is something the purists scream about. It is so commonly used that it will be acceptable before we know it, but for the present, Standard English insists on *try to*:

I'm going to try to *do better at maths next term* (not *try and do better*).

Do try to *behave when Aunt Alice is here* (not *try and behave*).

We are going to try to *complete the course in under two hours* (not *try and complete*).

Think of *try* as a transitive verb (see page 64). *I'm going to try* on its own, with no context to explain *what* you are going to try, makes no sense. It needs an object. That object could be a simple noun phrase (*I'm going to try that new recipe*) or it could be a gerund or verbal noun of the kind we saw on page 43 (*I'm going to try playing left-handed*).

Or – and this is where we come to the point – it could be an *infinitive clause*. That may sound scary but it simply means a group of words introduced by an infinitive – a verb beginning with *to*. Hence *to do better at maths* or *to behave when Aunt Alice is here*.

Once you recognize the concept of an infinitive clause, you can analyse these sentences and explain what the *to* is doing there. You can't do that with the *and* in *try and do better*, because it has no grammatical function.

Rule of thumb: if you can't work out why a form of words is as it is, it's likely to be wrong.

The boy done good

So much for sentences, nouns, pronouns and verbs. Let's move on to the next parts of speech on the list – adjectives and adverbs. First of all, let's establish once again the difference between them. An adjective modifies a noun. An adverb modifies a verb, an adjective or another adverb. Although there are many exceptions to the rule, it's worth remembering that a *lot* of adverbs end in *-ly*.

So the heading of this section contains two errors: *done* is not the past tense of *to do*; it is the past participle. The first part of this sentence should be either *The boy did ...* or *The boy has done ...*

But that's by the way, as far as modifiers are concerned. The point here is that *good* is an adjective and must modify a noun. In this sentence, however, it is being used to modify the verb, *done*. That won't do. The correct sentence is *The boy did well*.

Similarly, *He opened the door real slow* contains two errors. *Slow* is here being used to modify the verb *opened*, telling us *how* he opened the door. But *slow* is an adjective, so again that won't do – we need it to be *slowly*. And *real* modifies *slowly*, but again it is an adjective: the adverb is *really*. So instead of *He opened the door real slow*, we should say *He opened the door really slowly*.

There's no comparison

A comparative adjective or adverb makes a comparison between two – and only two – things and is generally followed by *than*:

I am taller *than you.*

Tim is younger *than Tony.*

The shop is less busy *on Monday than on any other day of the week.*

This applies even if the two things being compared are themselves plural:

Peas cook more quickly *than carrots.*

Horses live longer *than rabbits.*

The comparative of most short adjectives is formed by adding *-er* or, if the word happens to end in *y*, by changing the *y* to an *i* and then adding *-er*: *bigger, smaller, prettier, jollier.*

With longer adjectives, where following this rule would produce something cumbersome (as in *cumbersomer*), put *more* in front of it: *more beautiful, more extraordinary*. Do this also with adverbs of any length: *more sadly, more elegantly.*

If you want to make a negative comparison, use *less*, however long or short the original word is: *less rude, less fancy, less proudly, less specifically.*

The most common exceptions to this rule are, inevitably, the most common words: *better* is the comparative of *good* or of its adverb, *well*; *worse* is the comparative of *bad* or *badly*:

> *I am* better (*not* gooder *or* more good) *at maths than she is.*
>
> *She plays the guitar* better (*not* weller *or* more well) *than her brother does.*
>
> *I am* worse (*not* badder *or* more bad) *at English than you are.*
>
> *She plays the clarinet* worse (*not* badder) *than he does.*

Comparatives must always compare something to something (even if it is not explicitly stated), so to describe something as *comparatively new* or *relatively frequent* is meaningless. Compared to what? Relative to what?

Having spent a week with her mother, she was relieved to get to the comparatively relaxed atmosphere of her sister's home is fine, because it is clear that a comparison is being drawn between the mother's attitudes and the sister's.

The trains are relatively frequent from our station is vague and inaccurate. Better to say *fairly* or *quite frequent*, both of which mean the same thing and won't upset the nit-pickers.

An exception is *older*, which is often used on its own. *She was going out with an older man* follows the rule: although it isn't stated, there is a clear implication that the man was older *than she was.* But *comfortable accommodation for an older couple* isn't comparing the couple with anyone in particular, it's merely a euphemism for *not as young as they used to be.*

Note that words such as *barely*, *hardly* and *scarcely* – known as *broad negatives*, because they are almost negative in meaning – are not comparatives. Don't use *than* with them:

> *We had hardly started walking* **when** (*not* than) *Pat complained that her feet hurt.*
>
> *The concert had barely started* **when** (*not* than) *the fire broke out.*
>
> *He had scarcely uttered a word* **before** (*not* than) *the crowd began to boo.*

Superlatives

Comparatives, as already mentioned, are about two things; superlatives are about three or more. Where comparatives end in *-er*, superlatives generally end in *-est*, or in *-iest* if the adjective ends in *y*: *fullest, darkest, noisiest, fanciest*.

With longer adjectives, where the comparative has *more or less*, the superlative has *most* or *least*. The superlative of *good/well* or *bad/badly* is *best* or *worst*.

To show these rules in action:

> *I am taller than you. In fact, I am* the tallest *in the class.*
>
> *The shop's* busiest *day is Friday.*
>
> *It was* the most enjoyable *experience of my life.*
>
> *He is* the least attractive *man I have ever had dinner with.*
>
> *You are* the best player *in the team.*
>
> *It was* the worst accident *for 50 years.*

Unlike comparatives, superlatives can stand alone: you have to be *better than* someone else, but, as the song says, you can be simply *the best*.

Beware overkill …

… with both comparatives and superlatives. Don't say *betterer* or *worser* when you mean *better* or *worse* and don't say *bestest* unless you are being deliberately facetious.

Don't use a comparative in a sentence such as *The sky grew increasingly darker and stormier*. *Increasingly* already carries the sense of *more and more*; you don't need to say it again. *Increasingly dark and stormy* is correct.

You also shouldn't use a superlative with adjectives that carry a sense of absoluteness:

She has a unique talent (not *She has a most unique talent*).
Purple is my favourite colour (not *Purple is my most favourite colour*).

With *favourite*, you can, however, use *least* to express a negative:

Brown is my least favourite colour, unless I'm talking about chocolate.

For more about *unique*, see page 124.

For some reason, comparatives and superlatives are used particularly carelessly with reference to families. In a family of three children, two boys followed by a girl, the *eldest* child is still the *elder* son – he has only one younger brother and comparing two people or things requires a comparative, not a superlative. That boy becomes the *eldest* son only if his parents are blessed with more male offspring.

A far, far better thing

The comparative and superlative of the adjective *far* present an oddity. They may be either *farther* and *farthest* or *further* and *furthest*. If you want to express literal distance, you can use either:

> *If we go much* farther/further *without finding a garage, we'll run out of petrol.*
> *Since they demoted Pluto, Neptune has become the* farthest/furthest *planet from the sun.*

But if you are using the comparative in a figurative sense or to mean *more* or *additional*, it must be *further*:

> Further *to my letter* …
> *I'll be in touch when I have* further *information.*

Remember: *farther* and *farthest* refer only to how *far* something is.

Misplaced modifiers

As we saw on page 68, a *modifier* or *qualifier* is a word or phrase that modifies or qualifies another, limiting or being specific about its meaning. Phrases such as *a yellow car, my sister's car, the car in the driveway, the car with the broken headlight* all contain elements that modify (tell us more about) the noun *car*.

It's a useful rule of thumb that, if an adverb is modifying a verb, it should be placed as close as possible to that verb. With a single word, often this doesn't matter much: *apologetically she closed the door, she apologetically closed the door* and *she closed the door apologetically* all mean the same thing, with none of them appreciably more emphatic than the others. Feel free to decide for yourself what sounds best. However, with an adverb phrase it's easy to produce nonsense.

Her favourite present was a doll dressed in a sparkling pink dress called Miranda [do you suppose her shoes were called Portia?].

Gift-wrapping is free to all customers in gold paper [customers dressed in silver paper have to pay for it].

With an impressive roar, he revved up the car and disappeared down the road [unlikely, surely, unless the driver was a lion].

In all these cases, it's clear enough what it meant – but what is meant has not been said accurately.

The worst offenders in this category are *misrelated participles*. The present participle (see page 42) is often misused in sentences such as:

Climbing the stairs, the bloodstain on the carpet caught my eye.

Again, we know what is meant, but what has been *said* is that the bloodstain is spreading in an alarming and gravity-defying manner.

The rule here is that the *participial phrase*, as it is called, must have the same subject as the main clause, even though the subject of the phrase is not expressed.

Yes, I know, clear as mud, so let's go back to the example. The main clause is *The bloodstain on the carpet caught my eye* – that's the part that could stand alone as a sentence. The subject is *the bloodstain*. Grammatically, therefore, the subject of the participial phrase is also *the bloodstain*, so it is the bloodstain that is climbing the stairs.

We get round this either by reworking the main clause so that the subject becomes the person who is climbing the stairs:

Climbing the stairs, I was appalled by the bloodstain on the carpet.

… or by expanding the participial phrase into a clause with a subject of its own:

As I was climbing the stairs, the bloodstain on the carpet caught my eye.

The same problem can occur with a past participle:

Banished from his kingdom, the forest became his home.

It's improbable, I trust you'll agree, that the forest was banished. This needs to be either:

Banished from his kingdom, he made his home in the forest.

or:

After he had been banished from his kingdom, the forest became his home.

The position of the word *only* can affect the meaning of a
sentence radically.

Rule: put it immediately before the word it modifies.

If we're being precise, in the sentence *the Chairman only
announced the takeover on Friday* the adverb *only* qualifies *announced*.
It means that the Chairman did nothing else on Friday –
he didn't go to work, have lunch or take the afternoon off.
Alternatively, it may mean that he announced the takeover,
but did nothing to implement it. However, it's much more
likely that the writer meant *he announced the takeover only on Friday*,
emphasizing the fact that the announcement is recent.

Similarly, *she only ate one piece of cake* suggests that she did
nothing else with it – she didn't break it up into small pieces,
throw it on the floor or attempt to juggle with it. But the
emphasis here should be on *one* – *she ate only one piece of cake*
correctly gives her credit for not being greedy.

My first cake example will offend only the purists (and note
the position of the *only* there), because its meaning isn't really
ambiguous. But how about *his tennis can only be improved with
practice?* Does that mean that however hard he practises, he'll
become only a bit better than he is now (i.e. his tennis will
improve, but will never be brilliant); or that practice is bound
to improve his tennis (it won't get any worse); or that only as a
result of practising will he become any better? This last version
– which should be *his tennis can be improved only with practice* – is
the most likely meaning, but with the word order as it is, we
can't be sure.

Handle with care

Other words that should be positioned with care include *ever,* *also, just* and *merely*.

He was here just a minute (a very short time) *ago* is not the same as *He was just here* (right here, on this spot) *a minute ago*.

Nor is *She wouldn't even lend me a pound* (never mind give it to me outright) the same as *She wouldn't lend me even* (such a paltry sum as) *a pound*.

In speech, emphasis rather than precise word order will help make your meaning clear. With the written word, the question, as so often, is are you being as unambiguous as possible, without becoming pompous?

Between you and me

Two prepositions that are commonly confused are *between* and *among*. The general rule is that *between* refers to two people or things, *among* to more than two, when you are considering them as a group:

> *I have to choose* between *two unpleasant alternatives.*

> *The students were celebrating* among *themselves* (meaning that there were a number of them, more than two, and they hadn't invited the professors).

But there are many occasions where *between* is used (correctly) to refer to more than two things or people, when those things are considered as individuals:

> Between *you, me and the gatepost* …

> *Just* between *ourselves* (though there may be a group of us), *I don't trust her.*

> *I have to choose* between *the three universities that have offered me a place.*

> Between *us, we had collected over a hundred pounds.*

A definite rule: the conjunction that follows *between* is *and*:

> *It is a contest* between *honest toil* and *low cunning* (not *or low cunning*).

> *I have to choose* between *Sheffield, Manchester* and *Edinburgh* (not *or Edinburgh*).

Which preposition?

There are many expressions in English where changing the preposition changes the meaning entirely: consider *stand for, stand up, stand up for, stand down* or *look at, look for, look over, look to*. However, there are a few where the meaning is not in doubt but where it's all too easy to use the wrong preposition.

Don't say *comprises of*. *The book consists of twenty essays* and *The book comprises twenty essays* are both correct and both mean the same thing. *The book comprises of twenty essays* is wrong.

Don't say *intending on*. Announcements on trains often advise passengers not *intending on travelling* to leave the train. This should be *intending to travel*. The mistake probably arises from a confusion with the phrase *intent on*. If you are *intent on travelling* you are determined to do it, you have put a lot of thought into it; if you are *intending to travel*, all you have done is pack a bag and get on a train.

Don't say *different than* (unless you are American). In British English, this is regarded as wrong. Even once that has been dismissed, the word to follow *different* is a bone of contention among pedants. Some say something *differs from* something else, therefore it must be *different from* it. Others pooh-pooh this and say that *different to* is perfectly acceptable. The coward's response is to prefer *different from*, on the basis that it won't upset anyone.

Do be clear that substituting is not the same as replacing: *you substitute A for B* but *you replace B with A*:

She *replaced* the old radio *with* a modern digital one.

She *substituted* a modern digital radio *for* the old one.

Don't worry about the subtleties of words like *amongst, whilst* and *amidst*. They're old-fashioned and no improvement on *among, while* and *amid*.

Like splitting an infinitive (see page 40), ending a sentence with
a preposition used to be one of the ultimate crimes in English
grammar. The argument is that a *pre*position by definition goes
before something, so cannot possibly be the last word in a
sentence.

All the great English authors from Chaucer onwards have
broken this rule, often for poetic or rhetorical effect: Rudyard
Kipling wrote of sensations that were *too horrible to be trifled with*
and it's hard to imagine how he might have rephrased that in a
way that would both appease the pedants and keep the
dramatic impact.

Stringently avoiding ending a sentence with a preposition also
produces awkward constructions such as:

> *Please explain on what you base that argument.*
>
> *For what is that tool used?*
>
> *I don't understand at what you are playing.*
>
> *With her birthday coming up, she had a party for which to prepare and
> to which to look forward.*

It can also be genuinely wrong if a clause contains two verbs,
one of which takes a preposition when the other doesn't:

> *The classroom was full of toys with which the children could share
> and play.*

Comment se servir de ce guide

- Tous les renseignements et conseils utiles avant et pendant votre voyage sont regroupés à partir de la page 102 sous le titre *Berlitz-Info*. Le sommaire des *Informations pratiques* (pp. 106–125) se trouve en page 2 de couverture.

- Le chapitre *Les îles et leurs habitants*, à la page 6, décrit une ambiance et vous donne une idée générale sur l'archipel. Pour en savoir plus, parcourez *Un peu d'histoire*, qui débute à la page 11.

- Tous les lieux et les monuments à découvrir sont décrits entre les pages 26 et 83. Les sites à voir absolument, choisis selon nos propres critères, vous sont signalés par le petit symbole Berlitz.

- Les sports, les achats, les fêtes, la vie nocturne vous sont présentés de la page 84 à la page 93, puis vous découvrirez les plaisirs de la table maltaise (pp. 94–101).

- Enfin, un index (pp. 126–128) vous permettra de repérer tout ce que vous recherchez.

Bien que l'exactitude des informations rassemblées dans ce guide ait été soigneusement vérifiée, elle n'en est pas moins subordonnée à des fluctuations temporelles. Aussi ne saurions-nous assumer de responsabilité pour des modifications de faits, de prix, d'adresses ou de situations générales, toutes sujettes à variations. Nos guides étant remis à jour régulièrement, nous examinons volontiers toutes les remarques dont nos lecteurs voudraient bien nous faire part.

Texte établi par: Suzanne Patterson
Adaptation française: Annick Pélissier
Photographie: Ken Welsh; p. 78 PRISMA/Schuster GmbH
Maquette: Hanspeter Schmidt
Nous remercions M. Pierre-André Dufaux, M. Pierre Carta, M. et Mme Joseph Arrigo, M. et Mme Robert Hammond, M. et Mme James Pettigrew et M. J.G. Vassallo de leur aide précieuse. Nos remerciements vont aussi à M. Mario Falzon, à l'Office du tourisme de Malte et à Air Malta pour leur collaboration.

4 Cartographie: 🜚 Falk-Verlag, Hambourg.

Table des matières

Photo de couverture: St. Julian's Bay

Les îles et leurs habitants

La position stratégique de l'archipel a valu aux îles de Malte, Gozo et Comino de se trouver à la croisée des chemins de l'histoire et de faire, partant, l'objet de fréquentes rivalités. Mais, pour le voyageur de l'ère supersonique, ces îles méditerranéennes, situées à moins de 100 kilomètres au sud de la Sicile et à 350 kilomètres au nord des déserts de Libye, constituent le cadre rêvé de vacances à la mer: un cadre agrémenté d'une profusion de monuments et de sites, témoins d'un passé grandiose.

Du ciel ou de la mer, Malte semble au premier abord aride et austère. Mais, lorsqu'on approche de l'île principale, cette rudesse s'estompe devant le charme et la beauté du paysage, et l'on découvre une terre rocailleuse, rose et ocre, sillonnée de murets de pierres sèches vagabondant autour de carrés de verdure et parsemée de clochers. Dans les baies et les criques d'un bleu de cobalt, les *luzzu*, petites barques de pêche bariolées – les yeux ardents d'Osiris peints sur l'étrave pour écarter le mauvais œil –, se balancent entre les yachts et les pétroliers.

Dans l'intérieur, le paysage est riche de contrastes. Le spectacle des maisons aux toits plats, sur un fond de sécheresse, évoque des sites bibliques. Pourtant, lors de la floraison printanière, les couleurs jaillissent des collines arides. Les charrettes, nombreuses, disputent les routes aux

grosses autos, et les idées du XXᵉ siècle se mêlent curieusement aux traditions religieuses. Sur ces jolies îles règne le paradoxe, et si la circulation et les cabines téléphoniques rappellent Londres, et les pizzas l'Italie, tout est authentiquement maltais, comme vous le découvrirez bientôt.

Malte en résumé: la ville à la campagne et des églises partout.

La Valette, la capitale, est ceinte de bastions qui, jadis, assuraient la protection des insulaires. Aujourd'hui, les visiteurs viennent du monde entier en admirer l'architecture. **7**

Petit mémento

Certains des renseignements indiqués ci-dessous sont donnés ailleurs dans le guide, mais il nous a semblé utile de les rassembler ici:

Géographie	Les îles méditerranéennes de Malte, Gozo et Comino constituent la république de Malte. Elles sont situées à une centaine de kilomètres au sud de la Sicile et occupent une superficie de 316 km². Population: 357 000 habitants.
Climat	Les meilleurs mois pour visiter l'archipel sont avril, mai, juin, octobre et novembre. Juillet et août sont très chauds. Janvier est le mois le plus «froid».
Régime politique	Malte est devenue une république démocratique, membre du Commonwealth, le 13 décembre 1974.
Religion	Catholique romaine.

D'ailleurs, si l'on trouve à Malte des fabriques de jeans ou des conserveries de tomates, la grande industrie de l'archipel est le tourisme. De nouveaux hôtels bordent les baies et les plages au nord-ouest de La Valette. Les îles jouissent, presque toute l'année, d'un climat ensoleillé et en été, il arrive que la température grimpe haut; mais où que vous soyez, vous avez, pour vous rafraîchir, la Méditerranée à portée de la main.

La superficie de l'île principale est d'environ 245 km² (à titre de comparaison, Paris, sans ses banlieues, couvre 105 km²). On peut facilement s'y déplacer en voiture, en autobus ou en taxi. L'agreste Gozo, plus petite – 67 km² –, demeure marginale et vierge de toute profanation. Entre ces deux îles, la minuscule Comino, avec sa poignée d'habitants, ne couvre que 2,7 km² et ne possède qu'un hôtel. La population totale du pays est d'environ 357 000 âmes, dont un dixième est établi sur l'île de Gozo.

L'archipel fut peuplé dès l'époque néolithique, il y a de cela près de 7000 ans. Après avoir été colonisé par presque toutes les puissances de la Méditerranée – des Phéniciens et des Romains aux chevaliers de l'ordre de Saint-Jean et aux Britanniques –, le pays est devenu une république parlementaire indépendante en 1964.

De ces différentes origines

MÉDITERRANÉE

SICILE

Marsalforn
Żebbuġ   Xagħra   Qala
ġħarb   VICTORIA   Nadur   Comino
    Kercem   Xewkija   Mġarr
an   Lawrenz   Sannat   Comminato
Xlendi
Gozo

Bugibba   Għargħur   St.   Sliema
    St.   Naxxar   Julian's   **LA VALETTE**
    Mellieħa   Paul's Bay   Birkirkara   Żabbar
    Żebbieħ   Mosta   Paola   Żejtun
    Mġarr   Mdina   Qormi   Tarxien   Marsaxlokk
        Luqa   Kirkop
    Rabat   Żebbuġ   Siggiewi   Safi   Birżebbuġa
    Dingli   Żurrieq

0   2   4   6   8   10 km
0   2   4   6 miles

N

L'ARCHIPEL MALTAIS

Malte

sont issus les Maltais, aux cheveux foncés et au teint généralement olivâtre. Robustes, bons nageurs et bons marins, ils s'avèrent enjoués et savent rire d'eux-mêmes et partager la joie d'autrui. Leur langue, le *malti,* est apparentée à l'arabe et mâtinée d'un peu d'italien et de français.

L'introduction dans les traditions méditerranéennes de la langue anglaise et de certaines coutumes (en particulier des habitudes alimentaires) a donné naissance à un style original qu'illustrent les enseignes peintes à la main.

Malte devint chrétienne après que saint Paul y eut fait naufrage en 60 apr. J.-C. La religion est une affaire sérieuse, ici; les routes, d'ailleurs, sont bordées d'une multitude de chapelles. Chaque

ville, chaque paroisse est terriblement fière de son église: à Malte, maintenir son standing, c'est s'offrir une église plus grande et plus belle que celle du bourg voisin.

Les explosions qu'on entend le week-end, tout l'été, proviennent des fêtes religieuses, les *festi,* manifestations très suivies avec défilés de chars, orchestres et feux d'artifice. A cette occasion, les églises exhibent leur orfèvrerie et leurs damas. D'immenses statues de saints et des guirlandes de lampions décorent les rues noires de monde. On assiste à la messe, mais dans une ambiance de fête.

Si Malte a vu naître plusieurs bons artistes, quelques-uns des tableaux les plus remarquables qu'elle conserve sont dus à des peintres italiens **9** comme le Caravage et Mattia Preti. Plus proches de nous sont les sculptures d'Antonio Sciortino; vous pourrez voir nombre de ces créations, qui se distinguent par leur grâce et leur vie. L'artisanat local – verre soufflé, argent filigrané, tissage, dentelle, céramique – connaît un fervent renouveau.

Ces îles ont un grand pouvoir de séduction. Vous serez envoûté par l'atmosphère de mystère qui baigne les ruines des temples préhistoriques de Ħaġar Qim ou de Ġgantija, à

Gozo, où le vent fait entendre son étrange plainte. Qui pourrait dire le secret de ces obscures civilisations disparues qui les ont édifiés?

Mais vous n'aurez besoin de personne pour apprécier les plaisirs que procurent les plages au sable chaud, les baignades dans des criques et une multitude de sports nautiques. Vous irez de surprise en surprise: enfants qui s'amusent avec une chèvre familière; vieille femme nu-pieds qui fait cliqueter ses fuseaux, tissant d'arachnéennes dentelles; *karrozzin* (cabriolet à capote frangée) ou *dgħajsa* (bateau-taxi bariolé) à louer.

*A La Valette, on joue à chat perché.
A droite, la plage de Ramla.*

Que vous vous intéressiez à l'archéologie, à l'art, à la religion ou aux sports de plein air, Malte est en mesure de vous satisfaire. Et nul ne trouvera à redire si votre seul désir est de paresser au soleil à la piscine avant d'aller tranquillement déjeuner quelque part, au bord de la mer...

Un peu d'histoire

Souvent colonisé, jamais vraiment soumis, l'archipel maltais occupe une place éminente dans l'histoire de l'Europe. Son passé est marqué par la violence, l'intrigue et le courage qui se sont surtout révélés, au fil des siècles, dans

des luttes suscitées par sa position stratégique en Méditerranée. Objet de convoitise, Malte, que dirigèrent nombre de factions et de nations différentes, a reçu le surnom de «palimpseste de l'Histoire», par analogie à un parchemin constamment effacé et réutilisé.

Durant la préhistoire, l'île connut une certaine forme de civilisation. Elle s'enorgueillit d'avoir possédé aux âges de la pierre, du cuivre et du bronze une société organisée, capable d'édifier des architectures complexes.

Les premiers habitants – probablement des paysans – arrivèrent de Sicile en 5000 av. J.-C. (voir p. 63). On peut encore voir dans tout le pays les traces étonnantes de ces colons et des générations qui leur succédèrent. Un culte vraisemblablement lié à la mort et à la fertilité constituait leur force et leur guide.

Nombre de ces sites préhistoriques se visitent. Ainsi verrez-vous à Paola, sur l'île de Malte, un extraordinaire complexe de grottes funéraires. Remontant à environ 3200–2500 av. J.-C., cet hypo-gée, avec ses salles en forme d'ellipse et ses passages, servait de chambre funéraire et peut-être de temple. Les principaux motifs architecturaux qu'il présente se retrouvent à l'air libre dans d'énormes temples de pierre comme ceux de Ġgantija (Gozo) ou de Ħaġar Qim (Malte).

Les plus belles de ces constructions datent de la période de Tarxien (3200–2500 av. J.-C.), qui tire son nom de l'endroit où plusieurs d'entre elles furent découvertes. Il s'agit de réalisations remarquables de la part d'un peuple sans doute très primitif.

Plus tard, cette civilisation de bâtisseurs de temples disparut, victime peut-être d'envahisseurs, quoique certaines théories avancent d'autres causes comme la peste ou la famine dues à la surpopulation.

La vague d'immigrants suivante semble être venue du sud de l'Italie. La pratique de l'inhumation dans les cimetières caractérisait ces hommes qui utilisèrent les temples de Tarxien comme sépultures. Ils furent suivis par d'autres qui élevèrent des remparts à Borġ in-Nadur et qui s'installèrent dans des villages fortifiés accrochés au sommet des collines.

Ici, la joyeuse symphonie de teintes exécutée par les luzzu *tranche avec la couleur particulière de la pierre.*

13

Le mystère des «ornières»

Certaines parties du sol rocailleux de Malte et de Gozo sont striées d'«ornières» préhistoriques. Elles ne présentent pas toujours la même largeur et n'ont probablement pas été creusées par des charrettes. Ces pistes, qui semblent avoir été utilisées par quelque véhicule insolite, se retrouvent sur les anciens sites de villages.

Peut-être ces traces ont-elles été creusées par des sortes de traîneaux, formés de deux longs bâtons tirés par une bête de somme; deux grosses pierres étaient fixées à ces bâtons, dont l'écartement était maintenu par une planche. C'est sur ce plateau que l'on devait disposer matériaux de construction et produits agricoles.

Carthaginois et Romains

L'histoire connue de Malte commence vers le IXe siècle av. J.-C. avec l'arrivée des Phéniciens. Trois siècles plus tard, des marchands en provenance de Carthage vinrent s'établir à Malte et la civilisation punique marqua l'archipel de son empreinte pendant plusieurs siècles.

Les Grecs eurent également une forte influence sur l'histoire locale. S'ils n'ont pas colonisé l'archipel, la présence de nombreuses pièces et inscriptions laisse à penser qu'ils y débarquèrent au cours des VIIe et VIe siècles.

L'importance stratégique de Malte fut remise en évidence pendant les guerres Puniques (les trois guerres que se livrèrent Rome et Carthage aux IIIe et IIe siècles). L'île fut disputée par diverses puissances et finit par tomber, en 218, sous la coupe du consul Tiberius Sempronius.

Les Carthaginois avaient construit leur capitale sur une butte, à l'emplacement de l'actuelle Mdina; les Romains la prirent pour base, la fortifièrent et y élevèrent de luxueuses villas (les vestiges de l'une d'elles sont encore visibles entre Mdina et Rabat).

L'un des grands événements de l'histoire locale survint sous la domination romaine. En l'an 60 de notre ère, saint Paul et saint Luc firent naufrage sur les côtes maltaises, dans la région de l'actuelle St. Paul's Bay. Les prédications de Paul à Jérusalem et à Césarée avaient soulevé une telle indignation parmi les chefs religieux que les Romains le firent arrêter (dans une certaine mesure pour le protéger). Au cours de l'enquête qui suivit, Paul, citoyen romain, en appela à la justice des Césars et, alors qu'avec Luc il était emmené, prisonnier, à

Parmi les balcons qui s'accrochent aux façades de La Valette, la statue de saint Pierre de Alcántara rappelle la vocation de l'archipel.

Rome, le navire échoua sur les rochers de Malte.

Pendant tout un hiver, les deux hommes vécurent dans une grotte à Mdina-Rabat, et l'apôtre Paul prêcha l'Evangile. Son message et les miracles qui se produisirent en sa présence suffirent à convertir le gouverneur romain, Publius, qui devint le premier évêque de Malte; il connut ensuite le martyre et fut enfin canonisé. Malgré les diverses dominations qu'elle subit et l'introduction de l'islam par les Arabes, Malte est restée foncièrement chrétienne depuis l'époque de saint Paul.

Le Moyen Age et la domination arabe

Le déclin de l'Empire romain permit successivement aux Vandales, aux Goths et aux Byzantins d'exercer leur pouvoir sur l'archipel. En 870, ce furent les Arabes qui s'en rendirent maîtres. Malgré la tolérance dont l'occupant fit preuve à l'égard du christianisme, beaucoup d'insulaires **15** préférèrent émigrer ou se convertir à l'islam. A cette époque, le trafic d'esclaves, importante activité pour les Arabes comme pour les Maltais, faisait des victimes parmi les chrétiens des pays voisins essentiellement.

Deux siècles de domination arabe laissèrent une trace indélébile sur l'île, notamment dans la langue. Les conquérants apportèrent la culture du coton et du citronnier, qui prit une place prépondérante dans l'économie. Malte était devenue une nation commerçante et prospère.

Mais des querelles partisanes en firent bientôt une proie facile pour le comte Roger le Normand, fils de Tancrède de Hauteville, qui la conquit en 1090–1091. Héritier d'une principauté acquise par son père dans le sud de l'Italie, Roger voulait assurer la défense de la Sicile en contrôlant Malte. Il conquit St. Paul's Bay, puis Mdina, sans grandes difficultés. Ce nouveau maître, assez libéral, laissa les insulaires se gouverner eux-mêmes au moyen de conseils locaux. Tout en tolérant les musulmans, on encouragea le renouveau et l'expansion du christianisme.

Pendant les croisades, Malte fut un maillon clé dans la chaîne offensive que la chrétienté opposait à l'islam, mais l'île comptait encore des musulmans parmi ses habitants.

Après avoir été un fief sicilien, l'archipel passa aux mains des Souabes, puis de Charles d'Anjou, frère de Saint Louis. Les Angevins restèrent au pouvoir jusqu'à ce que Pierre III d'Aragon les en chasse en 1282.

Sous la domination conjointe et houleuse de l'Espagne et de la Sicile, Malte fut exploitée par des nobles qui, sans y résider jamais, ne voyaient en elle qu'une source de richesses. Les Maltais eux-mêmes se livraient au commerce, à la piraterie et au trafic des esclaves pour pouvoir verser redevances et impôts aux féodaux.

Au XVe siècle, le gouvernement local avait atteint une certaine maturité sous l'action d'un corps administratif, l'*Università,* qui s'occupait entre autres de la répartition des vivres. Lassée de l'exploitation de l'île par la noblesse étrangère, l'*Università* parvint à réunir une somme d'argent assez importante pour permettre à Malte d'établir des relations plus «sécurisantes» avec l'Espagne. En 1428, le roi d'Espagne, Alphonse V, déclarait que Malte n'était plus un fief, et il la «réunissait définitivement» à la Couronne.

Entre-temps, les îles devenaient la cible d'attaques continuelles – de la part des Turcs en particulier –, si bien qu'au début du XVIe siècle, le pays entrait dans une phase de déclin.

Au temps des chevaliers

Mais d'autres événements en Méditerranée allaient changer la fortune de Malte. Au début du XVIe siècle, le sultan Soliman le Magnifique et les corsaires ottomans «écumaient» les mers au nom de l'islam. Les Turcs n'avaient cessé de harceler les chevaliers de l'ordre de Saint-Jean de Rhodes et, pour finir, avaient occupé l'île le jour de l'an 1523 après un siège de six mois. Cette conquête laissait les chevaliers sans abri...

Le courageux grand maître Philippe Villiers de l'Isle-Adam conduisit ses soldats en Sicile et en Italie. L'Europe était alors divisée en deux blocs, l'un ayant fait allégeance à François Ier, l'autre à Charles Quint, chef du Saint-Empire germanique, roi d'Espagne et de Sicile. Trouver une résidence permanente pour les chevaliers était donc un problème délicat.

Après sept années de négociations, les chevaliers se résolurent, à contrecœur, à accepter Malte, qui fut accordée à l'ordre presque gratuitement – en échange du don annuel symbolique d'un faucon. Ainsi, en 1530, le grand maître partait s'installer à Malte avec ses 4000 hommes.

Au début, les insulaires s'inquiétèrent de cette nouvelle occupation, mais leurs droits et privilèges furent fondamentalement respectés. Les chevaliers élevèrent des fortifications et des résidences à Birgu (l'actuelle Vittoriosa) et, d'une façon générale, renforcèrent le secteur qu'occupe aujourd'hui La Valette (la presqu'île Sceberras, entre le Grand Port et **17**

Les chevaliers de Saint-Jean

Le véritable nom de l'ordre était celui de Chevaliers hospitaliers de Saint-Jean-de-Jérusalem. Il fut fondé à Jérusalem au XIe siècle, après que quelques marchands italiens eurent obtenu du califat du Caire l'autorisation de créer un hospice pour les pèlerins chrétiens. La tâche des frères consistait principalement à s'occuper des malades, mais, avec le temps, la vocation médicale et religieuse de l'ordre céda le pas au rôle militaire des chevaliers: combattre l'infidèle.

En 1187, les chevaliers, chassés de Jérusalem par Saladin, se réfugièrent successivement à Saint-Jean d'Acre et à Chypre avant de se replier dans l'île de Rhodes en 1308. Les Turcs tentèrent d'assiéger l'île à plusieurs reprises, mais ce fut seulement en 1522 que les chevaliers, à nouveau attaqués par Soliman le Magnifique, durent se rendre.

Les membres de l'ordre prononçaient des vœux de pauvreté, de chasteté et d'obéissance. Ils étaient divisés en trois grades: les chevaliers de justice (qui appartenaient à la grande noblesse de l'Europe et portaient la croix à huit pointes, appelée aujourd'hui croix de Malte), les sergents d'armes (à la fois soldats et infirmiers), les chapelains (affectés aux hôpitaux et aux églises).

Philippe Villiers de l'Isle-Adam, grand maître de l'ordre en 1530.

Les chevaliers étaient répartis en huit «langues» ou «nations»; trois d'entre elles étaient françaises: France, Auvergne et Provence. Les autres «langues» étaient celles d'Aragon, de Castille, d'Italie, d'Allemagne et d'Angleterre. Cette dernière fut abolie au XVIe siècle, après la Réforme, mais en 1784, c'est la «langue anglo-bavaroise» qui fut créée. Chaque «langue» était dirigée par un «pilier» investi d'une fonction très précise; le «pilier» d'Italie était grand amiral; celui de France était le directeur des hospices de l'ordre, etc.

Au XVIe siècle, les chevaliers possédaient plus de 650 commanderies en Europe et de grands domaines sur tout le continent. Leur chef suprême était le grand maître, élu à vie et soumis au seul pape.

Avec le temps, les chevaliers se laissèrent aller à des mœurs dissolues et inconsidérées. Des dissensions internes précipitèrent le déclin de la puissance de l'ordre. Celui-ci, cependant, existe toujours et continue son action humanitaire. Il a son siège à Rome. Mais le titre de chevalier de Malte ne conserve plus, en fait, qu'une valeur honorifique.

la baie de Marsamxett). La capitale devint le nouveau centre d'intérêt de Malte, au détriment de l'antique cité de Mdina.

Le grand maître Villiers de l'Isle-Adam mourut en 1534. Il eut plusieurs successeurs avant Jean Parisot de La Valette (1557) dont le nom allait devenir célèbre dans l'histoire de Malte.

Depuis des années, les Turcs ne cessaient d'attaquer les chevaliers dans le but de s'em-parer de ces petites îles qui occupaient une position stra-tégique sur les routes de la Méditerranée. Après avoir ra-vagé les côtes nord-africaines, le pirate Dragut, autre danger pour la paix du pays, finit par dévaster Gozo en 1546 et par faire déporter les 6000 Gozi-tains pour les réduire en escla-vage. Il s'allia ensuite aux Turcs, augmentant par l'ap-port de ses propres forces la menace qui pesait sur la chré-tienté dans la Méditerranée. **19**

Le Grand Siège

Soliman le Magnifique décida que le temps était venu pour l'islam de frapper un grand coup et il entreprit de réunir des troupes considérables. Cela fut rapporté au grand maître La Valette, qui s'empressa de demander de l'aide aux pays amis; mais aucun secours ne vint et, le 19 mai 1565, une flotte turque de 138 galères débarquait 38 000 soldats dans la rade de Marsaxlokk.

La Valette et ses 600 chevaliers ne disposaient que de 9000 hommes et de 8 galères. Les Turcs étaient assurés de vaincre. Leurs troupes com-

Un des temps forts de l'histoire de Malte: le fameux Grand Siège.

prenaient un corps d'élite: les janissaires, au nombre de 4000.

Les chevaliers assurèrent la plus vaillante défense de toute l'histoire, quoique la situation ne cessât de s'aggraver pour eux. A l'issue d'une lutte à mort, le fort Saint-Elme fut pris. Après le carnage, les Turcs attachèrent les cadavres des chevaliers à des croix et les jetèrent dans le Grand Port sous les yeux horrifiés de leurs frères d'armes retranchés en face, à Birgu. Dragut le pirate trouva également la mort au cours de cette bataille. L'endroit où il tomba, devenu Dragut Point, se situe dans le port de Marsamxett, en face du fort Saint-Elme.

La Valette s'empressa de renforcer son système de défense à Birgu et à Senglea. C'était l'heure de la vérité, et Elisabeth 1re d'Angleterre fit même dire des prières dans toutes les églises de son royaume. L'ensemble de la chrétienté s'inquiétait, mais personne n'envoyait de secours... Pendant le terrible été de 1565, les deux camps, accablés par la chaleur, la faim et la maladie, poursuivirent leur guerre sainte. L'entière population maltaise combattit aux côtés des chevaliers, résistant farouchement aux envahisseurs.

Malgré leur supériorité numérique, leur poudre à canon et leur ferveur, les Turcs s'épuisaient. Le désaccord entre leurs deux commandants n'arrangea pas leurs affaires. En une seule attaque, les Turcs perdirent 2500 hommes.

Mais les chevaliers étaient également la proie de graves difficultés, ayant perdu des hommes irremplaçables et abandonné à l'ennemi des positions stratégiques. La Valette lui-même (malgré ses 72 ans) se jeta avec fureur dans le combat. Son geste audacieux survint au moment où la démoralisation des chevaliers était extrême, et raffermit le courage de ses hommes.

Finalement, Malte reçut l'aide du vice-roi de Sicile, García de Tolède, qui, sur les appels répétés de La Valette, était parvenu, non sans mal, à rassembler des renforts.

A la fin de l'été, les Turcs avaient épuisé leurs approvisionnements et perdu courage et unité de commandement. Le 8 septembre 1565, le siège fut levé et ce qui restait de leurs forces reprit la mer; la plupart des historiens s'accordent pour dire que les deux tiers de leurs troupes avaient péri. Malgré l'état de ruine dans lequel se trouvait l'île, ce fut une explosion de joie générale.

Avec des fonds propres et ceux des pays amis, on s'empressa de dresser les plans d'une nouvelle cité entre les deux grands ports, sur la presqu'île de Sceberras. Les chevaliers obtinrent le concours de Laparelli, l'architecte du pape. Le coût de l'opération était astronomique, mais de partout, les rois envoyèrent des dons généreux pour que le projet fût mené à bien. La cité **21** vit le jour et reçut le nom du courageux La Valette.

Pendant les deux derniers siècles de la présence de l'ordre, Malte grandit et développa ses activités commerciales. Après Laparelli, Girolamo Cassar – architecte maltais – prit la relève et donna en grande partie à La Valette sa configuration actuelle.

A cette époque, le commerce méditerranéen commençait à ressentir les effets de la découverte d'une autre route (par le cap de Bonne-Espérance) vers les richesses des Indes. Par ailleurs, dès le XVIIIe siècle, les activités commerciales s'orientant plutôt vers l'Amérique, la prospérité des années antérieures disparut. L'ordre déclinait également et entrait dans une sorte de décadence. La Révolution française, la chute de l'aristocratie et de l'Eglise de France portèrent un autre coup aux chevaliers qui perdirent ainsi l'essentiel de leur prestige et de leurs revenus (dont une grande part provenait de France).

Bonaparte entre en scène

Conscient lui aussi de l'importance stratégique de Malte, Bonaparte n'hésita pas à se rendre directement sur place en 1798 et à exiger des cheva-liers de La Valette qu'ils quittent l'île. Là où d'autres avaient échoué, il sortit victorieux. Le grand maître, de Hompesch, céda. Après des siècles d'occupation, l'ordre militaire le plus célèbre du monde abandonnait Malte…

Les deux années de domination française furent pénibles et infâmes. Se comportant en conquérants et en pilleurs, les Français étaient profondément détestés du peuple et de l'Eglise. Les Maltais s'insurgèrent, soutenus par le roi de Naples, et les patrouilles de l'amiral Nelson en Méditerranée forcèrent les soldats de Bonaparte à capituler en 1800. Deux ans plus tard, le traité d'Amiens restituait officiellement Malte aux chevaliers.

La Grande-Bretagne, presque à l'apogée de sa puissance maritime, avait entre-temps pris conscience de la valeur de Malte en tant que base navale. Après une occupation de fait de l'archipel, elle se fit reconnaître la propriété du territoire par le traité de Paris en 1814 et à nouveau au Congrès de Vienne, l'année suivante. Malte devenait ainsi une colonie britannique, ce qu'elle allait rester jusqu'en 1964; la Grande-Bretagne conservera cependant des bases militaires jusqu'en 1979.

La domination britannique

Au cours du XIXe siècle, la population des îles s'accrut considérablement, tandis que l'économie subissait diverses fluctuations. Les Britanniques introduisirent la pomme de terre (culture qui prospéra) et l'industrie de la soie (qui disparut bientôt). La culture du coton, qui avait été très importante, commença à décliner. Des sources furent découvertes et la vigne se répandit.

En 1813, alors qu'une épidémie de peste venait de toucher le cinquième de la population, Sir Thomas Maitland fut nommé gouverneur de Malte. Il instaura un régime autocratique et fut surnommé «King Tom» (le roi Tom). Il dissout l'*Università* et imposa des réformes radicales afin d'harmoniser les institutions judiciaires de Malte avec celles de la métropole.

La création de bases, de chantiers navals et d'aménagements portuaires fut un bienfait pour l'économie maltaise. Dès 1880, le Grand Port de La Valette était un immense entrepôt où venaient faire escale de nombreux navires. Mais, par la suite, Malte subit la concurrence d'autres ports et son importance en tant que centre de commerce diminua.

Au cours du XIXe siècle,

Le dilemme linguistique

Lorsque la Grande-Bretagne entra en scène, les insulaires parlaient le *malti,* ce qui est toujours le cas aujourd'hui. Auparavant, les chevaliers avaient déclaré l'italien langue officielle, et la bourgeoisie, de même que la noblesse, avaient continué à l'employer, notamment dans les affaires et les tribunaux. Sir Thomas Maitland imposa l'anglais, mais la confusion régna pendant des années jusqu'au jour où, en 1921, cette langue fut adoptée comme langue administrative officielle.

Sous la domination britannique, l'anglais fut enseigné à l'école, et il l'est encore depuis l'indépendance. La plupart des Maltais le parlent donc très bien.

une succession d'arrêts accordait aux Maltais une certaine liberté. Mais les querelles politiques et linguistiques n'en furent pas moins vives. A la suite de l'établissement d'une «Assemblée nationale du peuple maltais», des émeutes éclatèrent au printemps 1919, qui poussèrent Londres à proclamer, en 1921, une nouvelle constitution. Les insulaires obtenaient leur autonomie dans les affaires intérieures, mais la Grande-Bretagne, par l'intermédiaire d'un gouver-

La décapitation de saint Jean, du Caravage, conservée dans l'oratoire de la co-cathédrale de Saint-Jean à La Valette.

neur, conservait la direction des affaires étrangères ou relatives à l'empire.

Le siège le plus long
A l'époque moderne, la grande heure de l'histoire de Malte eut incontestablement lieu pendant la Seconde Guerre mondiale. Base vitale pour les Alliés, l'archipel était le refuge de leurs bateaux et de leurs avions. Malte, non seulement contribuait à empêcher le déploiement des forces navales italiennes, mais encore menaçait les routes d'approvisionnement de l'Axe entre le continent européen et l'Afrique du Nord. Personne ne fut donc surpris lorsqu'en 1941 les bombardiers et les chas-

seurs italiens et allemands, ceux-ci basés en Sicile, lancèrent contre Malte une guerre éclair, première phase d'un siège qui allait se prolonger jusqu'en novembre 1942.

Alors que Rommel marchait sur El Alamein au printemps 1942, les attaques aériennes redoublèrent; en mars-avril, il tomba sur l'archipel deux fois plus de bombes que sur Londres en 1940.

Cet été-là, les conditions de vie s'aggravèrent terriblement pour la population maltaise, qui se trouvait au bord de la famine. Le gouvernement de Londres décida alors de prendre l'énorme risque d'envoyer un convoi de vivres et de munitions.

En août 1942, treize navires et un pétrolier, couverts par l'aviation et la marine, franchirent le détroit de Gibraltar. Ils furent la cible d'une série de violentes attaques aériennes de la part des Italiens. Plusieurs bateaux coulèrent et le pétrolier *Ohio*, d'une importance capitale avec sa précieuse cargaison, fut sévèrement endommagé.

L'*Ohio* réussit néanmoins à mouiller dans le Grand Port le 5 août. La foule l'accueillit par des cris et des pleurs de joie: on sauverait Malte! En novembre, le récent débarquement allié sur les côtes marocaines et le repli des troupes de Rommel après la bataille d'El Alamein, permirent à Malte d'entrevoir la victoire à laquelle elle avait tant contribué.

Mais le prix de la liberté fut élevé: des milliers de Maltais tués ou gravement blessés. Il n'est que juste, affirma Churchill, qu'à un peuple si courageux soit décernée la plus haute récompense de la Grande-Bretagne, la *George Cross*.

25

L'indépendance

En 1942, la Grande-Bretagne accorda à Malte 30 millions de livres pour sa reconstruction et une nouvelle constitution qui assurait son autonomie au sein du Commonwealth. Malte acquit son indépendance en 1964. Elle reçut un gouverneur général et établit un parlement de 50 membres (65 aujourd'hui). En 1971, le Parti travailliste remporta les élections et Dom Mintoff devint Premier ministre.

L'*Union Jack* fut amené pour la dernière fois le 31 mars 1979. Cette date, qui marqua aussi l'arrêt de l'aide financière de la Grande-Bretagne, fut consacrée «jour de la Liberté» par Dom Mintoff, au terme de plusieurs années de tension avec Londres. Un gouvernement travailliste mit l'accent sur la neutralité et noua des liens avec les pays communistes, la Lybie et l'Algérie. Mais en 1987, le parti nationaliste reprit le pouvoir, libéralisa l'économie, retira l'arabe des branches scolaires obligatoires et renforça les liens avec la Communauté européenne.

Les Maltais ne se sont d'ailleurs jamais départis de leur bienveillance envers les Britanniques, qu'ils soient touristes ou résidents.

Que voir

Malte ne dépassant guère 25 kilomètres en sa plus grande dimension (du sud-est au nord-ouest), il est extrêmement facile de voir beaucoup de choses en un temps record. Mais qualité vaut mieux que quantité, et l'avantage que procurent les petites dimensions de l'archipel est qu'on peut s'attarder sur les sites les plus intéressants. Vous organiserez vos visites comme bon vous semblera, vous laissant guider par vos aspirations du moment; un jour, vous serez d'humeur à découvrir églises, villages ou sites préhistoriques; le lendemain sera consacré à une promenade en mer, au farniente ou aux emplettes.

Nous commencerons, quant à nous, par la visite de La Valette et de ses faubourgs; ensuite, nous vous guiderons jusqu'à Mdina et Rabat, puis parcourrons les côtes sud-est et nord-ouest.

Par souci de commodité, nous avons consacré aux temples préhistoriques de Malte un chapitre entier. Gozo, enfin, fait l'objet d'une section dans laquelle sont décrits ses sites et monuments remarquables. Mais entrons maintenant dans la cité qui fut au cœur de l'histoire de Malte…

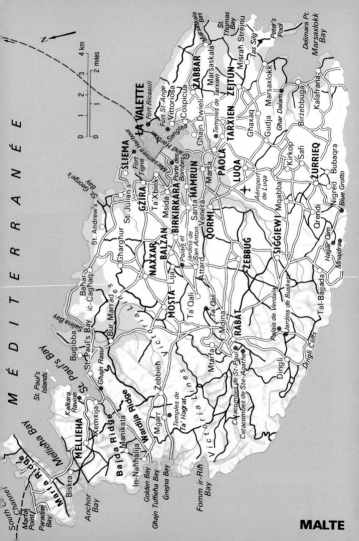

MALTE

La Valette
(Valletta)

«Cette ville splendide, un vrai rêve», écrivait Walter Scott. Combien ces mots paraissent justes lorsqu'on découvre La Valette, du ciel ou de la mer, par un après-midi d'été éblouissant! La lumière joue sur les bastions et les édifices de pierre éclatante, transformant la ville en un site enchanté qui semble flotter sur une mer indigo.

La Valette n'entra dans l'histoire qu'au XVIe siècle. En effet, de l'époque pré-romaine jusqu'au Grand Siège (1565), c'est la ville fortifiée de Mdina, dans l'arrière-pays, qui fut la capitale de Malte.

En 1566, convaincu des qualités défensives naturelles de la presqu'île de Scebarras, le grand maître Jean Parisot de La Valette décida de relever de ses ruines la cité qui allait porter son nom et dont il allait faire la capitale de l'archipel.

L'éperon rocheux séparant deux grands ports naturels, Marsamxett d'un côté et Grand Harbour (Grand Port) de l'autre, était l'emplacement rêvé pour une citadelle. En dépit du coût énorme qu'il représentait, l'ouvrage fut confié à Francesco Laparelli, l'architecte de Cosme de Médicis et du pape Pie IV. Laparelli aurait conçu le plan de la ville en trois jours à peine. Mais c'est son assistant maltais, Girolamo Cassar, qui dirigea les travaux.

La nouvelle cité fut entourée par une robuste ligne de courtines et de bastions de pierre virtuellement inexpugnables. Le plan en damier de ses rues lui valut le titre de «cité bâtie pour des gentilshommes». Le problème de l'alimentation en eau fut résolu au XVIIe siècle par Alof de

Si les femmes s'habillent de noir, la couleur, elle, descend dans la rue.

Wignacourt; il ordonna la construction d'un aqueduc qui amena les eaux de sources proches de Mdina.

Au cours de la Seconde Guerre mondiale, La Valette fut la cible d'impitoyables bombardements. Sortis victorieux de l'épreuve, les courageux Maltais ont su préserver le charme d'une capitale dans laquelle ils peuvent marcher la tête haute.

La vieille ville

C'est à pied que l'on découvre le mieux La Valette, car ses rues sont étroites et parfois même fermées à la circulation.

Passez d'abord City Gate, cette porte reconstruite dans le style de l'après-guerre, qui relie le rond-point, sur lequel aboutissent tous les autobus de l'île et qu'orne Triton Fountain (fontaine des Tritons), à la ville fortifiée. Droit devant vous se déroule Republic Street, l'ancienne Kingsway, rue principale devenue piétonnière. Merchants Street, la seconde grande artère, lui est parallèle, du côté droit. Ces deux voies avancent en ligne droite sur près de 1500 mètres, jusqu'au fort Saint-Elme, à l'extrémité de la presqu'île.

Sur Freedom Square (place **30** de la Liberté), les ruines du

Des fortifications à foison

Au XVIe siècle, une fois la construction d'une ville achevée, la première mesure à prendre était d'en fortifier l'enceinte. La Valette, Floriana et leurs faubourgs comptent suffisamment de bastions, courtines, forts, tours, cavaliers, ravelins, remparts, douves, fosses, murailles et autres dispositifs pour enthousiasmer tout futur officier du génie.

Les bastions classiques en lignes brisées constituaient la défense la plus efficace. Plus l'ennemi approchait, plus il découvrait ses flancs au feu des défenseurs. Le bastion se voyait ainsi «renforcé» sans qu'on eût augmenté le nombre des armes, des munitions ou des hommes.

La meilleure façon de découvrir les ouvrages défensifs de La Valette (achevés entre 1566 et 1570) est de se promener sur les remparts. En deux heures environ, vous en aurez fait le tour, compte tenu des pauses pour admirer le panorama.

vieil Opéra classique construit par E.M. Barry sont un sinistre rappel des bombardements de la Seconde Guerre mondiale. A droite, **Our Lady of Victories** (Notre-Dame-des-Victoires), de style baroque,

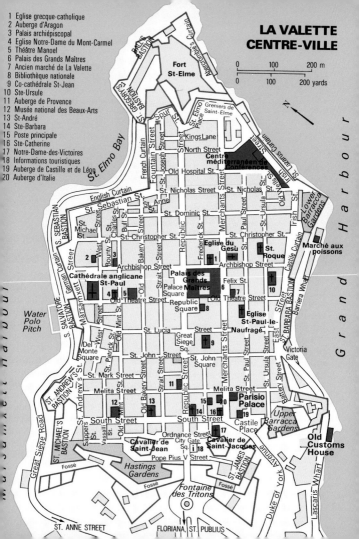

1 Eglise grecque-catholique
2 Auberge d'Aragon
3 Palais archiépiscopal
4 Eglise Notre-Dame du Mont-Carmel
5 Théâtre Manoel
6 Palais des Grands Maîtres
7 Ancien marché de La Valette
8 Bibliothèque nationale
9 Co-cathédrale St-Jean
10 Ste-Ursule
11 Auberge de Provence
12 Musée national des Beaux-Arts
13 St-André
14 Ste-Barbara
15 Poste principale
16 Ste-Catherine
17 Notre-Dame-des-Victoires
18 Informations touristiques
19 Auberge de Castille et de Léon
20 Auberge d'Italie

LA VALETTE
CENTRE-VILLE

0   100   200 m

0   100   200 yards

Marsamxett Harbour

Grand Harbour

Fort St-Elme

Greniers de Saint-Elme

Centre méditerranéen de conférences

St-Elmo Bay

Water Polo Pitch

KingsLane
North Street
Old Hospital St.
St. Nicholas Street   St. Nicholas
St. Anne   St. Dominic St.
St. Christopher St.   St. Christopher St.
Archbishop Street
Eglise du Gesù
St. Roque
Marché aux poissons
Cathédrale anglicane St-Paul
Palais des Grands Maîtres
Felix St.
Palace Square
Old Theatre Street
Republic Square
Eglise St-Paul-le-Naufragé
St. Lucia   Street
Great Siege Sq.
Victoria Gate
St. John   Street
St. John Square
St. Mark Street
Melita Street
Melita Street
Parisio Palace
South Street
South Street
Castile Place
Upper Barracca Gardens
Ordnance Street
City Gate Sq.
Cavalier de Saint-Jean
Cavalier de Saint-Jacques
Old Customs House
Pope Pius V Street
Hastings Gardens
Fossé
Fossé
Fossé
Duke of York   Avenue
Lascaris Wharf
ST. ANNE STREET
Fontaine des Tritons
FLORIANA, ST. PUBLIUS

PALES BASTION
GREGORY'S BASTION
Marsamxett Curtain
St. Elmo Place
French Curtain
Fountain Street
St. Joseph Street
English Curtain
ST. SEBASTIAN BASTION
St. Michael Street
St. Charles St.
Bull St.
St. Christopher St.
West Street
Bounty St.
Baker   Street
Frederick   Street
Merchants Street
St. Paul Street
St. Ursula
Lvant Street
St. Lazarus Curtain
Lower Barracca Gardens
ST. BARBARA BASTION
Barriera Wharf
Marsamxett Curtain
GERMAN CURTAIN
SALVATORE BASTION
Marsamxett Street
Old Bakery Street
Old Mint Street
St. Patrick St.
Del Monte Square
West Street
St. Andrew's St.
ST. ANDREW'S BASTION
ST. MICHAEL'S BASTION
Great Siege Road
Sappers St.
Vassalli St.
Old Bakery Street
Strait Street
Merchants Street
Republic Street
St. Paul Street
St. Ursula   Street
East Street
Battery Street
ST. JAMES BASTION

est la plus ancienne église de La Valette; elle fut édifiée en 1567 pour commémorer la levée du Grand Siège (sa façade fut remaniée au XVIIe siècle). A côté, seul vestige d'une des plus anciennes demeures de la ville: une façade rougeâtre et croulante. En face, à l'angle de South Street et de Merchants Street, St. Catherine of Italy (Sainte-Catherine d'Italie) est une église à coupole qui fut conçue par Cassar mais reconstruite par la suite.

A quelques pas de là, l'**auberge de Castille et de Léon,** la plus imposante de toutes les auberges*, s'insère sur la Castile Place (place de Castille).

Ce splendide bâtiment de pierre ocre fut élevé sur des plans de Cassar et modifié au XVIIIe siècle par l'architecte maltais Dominico Cachia pour le grand maître portugais Pinto. Aujourd'hui occupée par les bureaux du Premier ministre, cette élégante construction n'est visible que de l'extérieur.

Au sud-est de la place s'étendent les **Upper Barracca Gardens,** jardins aménagés au XVIIIe siècle. Arbres et arbustes verdoyants, hibiscus écla-

---

*Les auberges étaient les résidences des chevaliers. Chaque «langue» avait la sienne.

Les bureaux du Premier ministre occupent l'auberge de Castille. Un groupe sculpté dû à Sciortino.

tants et statues en font une délicieuse retraite; les chevaliers venaient s'y promener et, dit-on, y tramer des complots... Les Maltais, eux, y venaient assister à leurs départs en expédition. Parmi les statues exposées aujourd'hui, vous verrez un groupe d'enfants, *Les Gavroches,* dû au sculpteur maltais Antonio Sciortino; un grand monument dédié à Lord Strickland, Premier ministre de 1927 à 1930; un buste de Winston Churchill et le modeste mémorial de Sir Thomas Maitland, «King Tom», l'intransigeant gouverneur de Malte de 1813 à 1824.

A travers la colonnade, on découvre un **panorama** étourdissant sur le Grand Harbour (Grand Port): à l'extrême gauche, le fort Ricasoli, qui date du XVIIᵉ siècle; juste en face, à Vittoriosa, le fort St. Angelo (Saint-Ange), dont le rôle fut important pendant le Grand Siège; à droite, Dockyard Creek, où les chevaliers faisaient réparer leurs vaisseaux. Puis Senglea (voir p. 47), presqu'île derrière laquelle se dresse la petite cité de Cospi-

33

cua. A droite de Senglea, de l'autre côté de la crique, se trouve un silo à grains moderne. Enfin, en contrebas des jardins, sur Lascaris Wharf, Customs House, l'ancienne douane, est un charmant édifice de style vénitien.

Lorsqu'on revient vers Merchants Street, on découvre sur la droite **Parisio Palace,** où Bonaparte logea pendant quelques jours en 1798. Le palais, qui abrite aujourd'hui le ministère des Affaires étrangères, est un sobre bâtiment du XVIIIe siècle. L'austère auberge d'Italie, de l'autre côté de la rue, fut construite par Cassar au XVIe siècle et modifiée ultérieurement. C'est aujourd'hui le bureau de poste principal.

Par Melita Street, dirigez-vous – à gauche – vers **Republic Street.** Cette dernière, véritable ruche, est bordée de toutes sortes de boutiques, cafés, bars et pharmacies. **L'église St. Barbara** (Sainte-

The *with* belongs to *play*, but not to *share*.

The classroom was full of toys which the children could share and with which they could play is grammatically correct, but in all but the most formal contexts sounds forced. *The classroom was full of toys the children could share and play with* is much more natural.

The pragmatic rule is: by all means end a sentence with a preposition, providing that the result is the most comfortable and elegant way of phrasing what you want to say.

Not only ... but also

Constructions such as *not only ... but also* are called *correlative conjunctions*. Other examples are *either ... or, neither ... nor, both ... and*. The rule here is that the word, phrase or whatever that follows one part of the pairing should be grammatically equivalent to what follows the other. To give a 'wrong' example first:

I'll either leave on Friday or Saturday.

The part of the sentence that depends on *either* is *leave on Friday*, whereas the part following *or* is simply *Saturday*. That won't do. Correct versions might be:

I'll leave on either Friday or Saturday.
I'll leave either on Friday or on Saturday.
I'll either leave on Friday or stay until Saturday.

Similarly, you should say:

I like neither broccoli nor cauliflower (not *I neither like broccoli nor cauliflower*).

I follow both athletics and tennis (or *I both follow athletics and enjoy tennis*, but not *I both follow athletics and tennis*).

I not only love travelling, (but) I also enjoy reading about other people's adventures or *I love not only travelling but also reading about other people's adventures* (not *I not only love travelling, but also reading about other people's adventures*).

As with that whole business of *my husband and I/me* (page 26), the trick is to omit part of the sentence and see if what is left makes sense. In the last example, take out *not only*, *also* and all the words in between. It leaves you with:

I enjoy reading about other people's adventures [fine].

I love reading about other people's adventures [fine].

I reading about other people's adventures [not so fine, which means you've put your *not only … but also* in the wrong place].

Which conjunction?

If you want to say that two things happened at the same time, the conjunction to use is *while*:

> While *I was cleaning the car, the cat wandered by and left wet footprints on the drive.*

But *while* is a versatile word; it can also mean *although, whereas, despite the fact that* in sentences such as:

> While *I like her a lot, I still think she's dim.*
> *Taxes keep going up,* while *interest rates remain low.*

There is no ambiguity here – *while* couldn't sensibly mean *at the same time as* in either example. But what about:

> *While Nick cleaned the car, Rob did the ironing.*

Does that mean that Rob did the ironing *at the same time as* Nick cleaned the car? Or had they divided the tasks between them, so that Rob routinely did the ironing *whereas* Nick cleaned the car, but with neither task performed at any specified time? If you mean the former, try using a continuous present tense:

While Nick was cleaning the car, Rob did the ironing removes any ambiguity: the actions are taking place at the same time.

However, if that isn't what you mean, *although* comes into its own: *Although Nick cleaned the car, Rob did the ironing* makes it clear that this is a division of the chores – Rob is doing his share.

The simple rule for which indefinite article to use is that *a* comes before a consonant and *an* before a vowel (*a teacher, an instructor*). But is anything in English that easy? Of course not.

The main problem is with the letter *h*. We sometimes pronounce the *h* at the beginning of a word, and sometimes don't, so we must adjust the indefinite article accordingly (*a hat, a handstand, a hippopotamus* but *an hour, an heir, an honest woman*). The difficulty arises with a few words that derive from French and were once pronounced in the French way, without sounding the *h*. The most common examples are *hotel* and *history*. A hundred years ago it would have been correct to say *an hotel, an history of Rome*, but nowadays the *h* in both these words is definitely pronounced and *a hotel, a history of Rome* sound more natural.

The other problem initial is *u*, because some words beginning with *u* are pronounced as if this were *y*. The choice of article depends on how the first syllable is pronounced: *an umbrella* but *a union, an underground station* but *a universal truth*. Words beginning with *eu*, pronounced as *y*, need *a* rather than *an*: *a euphemism, a European*.

With an abbreviation, choose your indefinite article according to the way the word it precedes is pronounced, not how it is spelled: *an L-plate, a UK passport*.

Rule of thumb: does it sound OK? If it does, in this instance, it's likely to be correct.

Punctuation

The concept of using symbols to indicate aspects of meaning that the words themselves do not convey has been around for thousands of years. In speech we use pauses, intonation (such as the voice rising to indicate a question) and emphasis; in the written word we don't have these at our disposal, so we use punctuation.

Contrary to what many, many people believe, punctuation is there to help.

When all is said and done

The most definite piece of punctuation, the one that says 'That thought has come to an end and the next one hasn't begun yet' is the *full stop*. It comes at the end of any sentence that is neither a question (which ends with a ?) or an exclamation (!). It's followed by a capital letter, indicating the start of a new sentence.

Full stops are also used in some abbreviations – *a.m.*, *p.m.*, *Ph.D.* There used to be a clear distinction between an abbreviation, in which the end of the word was omitted and which required a full stop (*Prof.*, *Rev.*, *para.*), and a contraction, which left out the middle of the word and didn't have a full stop (*Mr*, *Mrs*, *Dr*). This was only ever true of British English (the Americans use full stops much more lavishly) and even so it is becoming a blurred area in which full stops are generally being abandoned. Pragmatic advice would be to use them to avoid ambiguity – *no.* for *number*, for example, as opposed to *no* meaning the opposite of *yes*; or *a.m.* for *in the morning*, rather than *am* as in *I am what I am*. Remember, though, that any remotely formal written work requires consistency, so if you go for *a.m.*, you must use *p.m.* as well, even though there is no likelihood of a misunderstanding.

If you haven't quite come to the end of your thought and don't want to start a new sentence, you can use a *colon* (:) or a *semicolon* (;). A colon usually precedes a list or an example of what has gone before, while a semicolon may be used more loosely to indicate a pause that isn't quite a full stop but is more important than a comma. It may also replace a conjunction such as *and* or *but*, and it must be followed by a clause containing a finite verb.

It's easier to give examples, perhaps (and note the use of the colon at the end of this line):

I went out to buy three things: a jacket, a hat and handbag.

My father never let me get away with anything: I wasn't allowed to think about watching TV until I had finished my homework.

Money doesn't buy happiness; it just lets you be miserable in comfort.

In French protégé *is a masculine form; when referring to a woman it becomes* protégée.

In the first example, the colon introduces a list, in the second an explanation or expansion of the main clause. In the last two, the sentence contains two parallel clauses: you might easily replace the semicolons with *but*. It's a matter of taste, style and whether or not you feel the semicolon is a dying species that is worth preserving. You might also use a dash instead of a colon or semicolon in any of the above: there's more about dashes on page 99.

Pausing for thought

The *comma* (,) marks a pause for breath, a shorter pause than a full stop, a colon or a semicolon. It can be used in a huge number of ways, the most common being:

- To separate an introductory clause, phrase or even a single word from the main part of the sentence:

  After the speeches were over, everyone breathed a sigh of relief.

  Of course, I knew better than to believe him.

  No, I will not lend you any more money.

- To separate one clause or phrase from another within a sentence:

  Harry had never refused an invitation in his life, but he really didn't want to go to Sandra's party.

  I wasn't sure what to do, although I had been given plenty of advice.

  Alex, ever obliging, offered to drive us all home.

  The waiter, whose badge told us his name was Francesco, hovered anxiously while we looked at the menu.

- To separate a noun or noun phrase in apposition (see page 20 for more about this):

  Mary, the farmer's daughter, was no happier milking cows than I was.

  The treasurer, Mrs Mason, was asked to chair the meeting.

- After the speaker's name, to introduce a piece of direct speech, or before and after the speaker's name if it falls in the middle of a speech:

  John said, 'I don't care what time it is – I'm not going to bed yet.'
  'When you're ready,' I said, 'I can show you what to do.'

Note that if the first part of that last example had been a question or an exclamation, the 'said' would have been followed by a full stop and a capital letter:

  'Are you ready?' I asked. 'If so, I can show you what to do.'
  'For heaven's sake!' I exclaimed. 'Let me show you what to do.'

- To separate items in a list:

  I ordered eggs, bacon and tomato.
  My favourite subjects are English, French and music.

American English would put a comma before the *and* in a list like this – *I ordered eggs, bacon, and tomato.* This is called a serial comma (or sometimes an Oxford or a Harvard comma, after two University Presses that recommend it) and in British English it is a matter of style. That means that it is neither right nor wrong; it's just that some people use it, others don't. As so often, the important thing is to be consistent: make your choice and stick to it.

Even if you opt against the serial comma, you should still use it to avoid ambiguity, especially if one of the elements in the list already contains an *and*:

I ordered eggs, bacon, and a cheese and ham sandwich for later.

Note also the difference between:

The Member of Parliament, Mr Chambers, and his sister

and:

The Member of Parliament, Mr Chambers and his sister.

In the first, there are two people: the Member of Parliament, whose name is Mr Chambers, and his sister. In the second, there are three: an unnamed Member of Parliament, someone called Mr Chambers, and Mr Chambers' sister. That comma after 'Mr Chambers' shows that his name is bracketed off from the rest of the sentence and is in apposition to 'Member of Parliament' (see page 20).

It's worth remembering that, if you use one comma to separate one part of a sentence from another, you are likely to need two. This is especially true with what are called *non-restrictive* or *non-defining* clauses.

A *restrictive* or *defining* clause is essential to the sentence: without that clause, the sentence may make grammatical sense, but won't convey the information you want. A *non-restrictive* or *non-defining* clause gives extra information.

For example:

The horse that won the race was a bay gelding.

If you leave out *that won the race*, you have a grammatically correct sentence (*The horse was a bay gelding*) but your readers are left wondering why you are telling them this. Which horse? Who cares? *That won the race* must therefore be a defining clause. On the other hand, in ...

The horse, which was a bay gelding, won the race ...

which was a bay gelding is incidental, non-restrictive, non-defining; the important information is that the horse won the race. The non-restrictive clause is therefore separated by two commas, as if it were in brackets.

If the non-restrictive clause comes at the end of a sentence, it requires a comma before it and, as in any other sentence, a full stop afterwards.

The horse won the race, which took place at Newmarket.

Consider also the difference in meaning if you insert or omit these 'parenthetical commas'.

The races, which were at Newmarket, ended in photo finishes.
The races which were at Newmarket ended in photo finishes.

The first example, using a non-restrictive clause, tells us that the races ended in photo finishes and, by the way, they were all at Newmarket.

The second, with a restrictive or defining clause (and no commas) tells us that those races which took place at Newmarket ended in photo finishes, but that there were other races, held elsewhere, where the margins of victory were greater.

The words 'by the way' are useful here: if your subordinate clause contains information that is 'by the way', something that could be put in brackets, put commas round it.

Note also the different uses of *which* and *that* here: a non-restrictive clause can't begin with *that*. But a restrictive clause can begin with either – in the last example above I could equally well have said *The races* that *were at Newmarket* …

Here are a few more examples of how the humble comma can change meaning:

She was living in Paris, perhaps, with a lover.

She was living in Paris, perhaps with a lover.

Clearly we are vague about the details of the lady's life: in the first instance she may or may not have been living in Paris, but she certainly had a lover; in the second, she may or may not have had a lover, but she was certainly living in Paris.

She decided, however unwillingly, to accept his proposal.

She decided, however, unwillingly to accept his proposal.

Here the shift in meaning is more subtle, but nonetheless significant. In the first example, the main clause is *She decided to accept his proposal. However* quantifies *unwillingly*, so she's quite unwilling, but not dead set against the idea. In the second, the main clause is *She decided unwillingly to accept his proposal.* The *however* quantifies something that has gone before – *Her friends advised her against it*, perhaps – but there is no doubt that she is utterly unwilling.

If, having read the last few pages, you still think, 'Who cares? What difference can a comma make?', imagine leaving it out of *Let's eat, Grandma.*

The one thing a comma mustn't do is separate two main clauses that are not linked by *and, but* or *or*.

> *I was really bored by that film, I'm sure everyone must have been*

is wrong.

All the following are correct:

> *I was really bored by that film. I'm sure everyone must have been.*
> *I was really bored by that film – I'm sure everyone must have been.*
> *I was really bored by that film; I'm sure everyone must have been.*
> *I was really bored by that film and I'm sure everyone must have been.*

Similarly, *I was really bored by that film, perhaps you enjoyed it* is almost the only way of punctuating the sentence that is incorrect.

I was really bored by that film, but perhaps you enjoyed it is probably the most natural, but:

> *I was really bored by that film; perhaps you enjoyed it.*
> *I was really bored by that film – perhaps you enjoyed it.*

and:

> *I was really bored by that film. Perhaps you enjoyed it.*

are all OK.

Not to be confused with hyphens (see page 101), dashes are the least formal piece of punctuation, but are useful for asides and additional pieces of information, or to show where a thought or speech has been broken off:

We spent most of our lunchtimes in the Buttery – that's what we used to call the dining room.

'I was going to say – but, no, probably better to wait till your father comes home.'

A voice I didn't recognize whispered, 'I know who the murderer –'
Then there was the sound of something falling and the line went dead.

Like commas, dashes are often used in pairs, acting as a parenthesis round something that is grammatically separate from the rest of the sentence:

The Buttery – as we called the dining room – was always packed by six o'clock.

A voice – it wasn't anyone I recognized – whispered down the phone.

There would be nothing wrong with:

The Buttery, as we called the dining room, was always packed by six o'clock.

but the dashes would be helpful in a longer sentence that already had commas in it:

The Buttery – as we called the dining room – was a light, airy room and, because its food was both plentiful and cheap, it was always packed by six o'clock.

It's worth noticing that in British English the convention is to type a dash as an en (–), with spaces on either side; in American English the norm is a longer em-dash (—) without spaces. So:

The Buttery – as we called the dining room – was a light, airy room is British; American usage would have *The Buttery—as we called the dining room—was a light, airy room.* Both mean exactly the same thing and, assuming you know which side of the Atlantic you are on, are equally correct.

A hyphen is defined as the punctuation mark (-) used to separate the parts of some compound words or to link the words in a phrase. To deal with the first part first, a compound word is a word made up of two or more other words and English is full of them – *backtrack, footstool, otherworldly, postcard, side effect*, to pick just a handful at random.

It's difficult to be logical about when to hyphenate compound words and when not to: my Oxford dictionary tells us that *side-effect* and *side-line* are hyphenated but *sidecar* is one word; Collins agrees about *sidecar* but has *side effect* as two words and *sideline* as one. Go figure. The general tendency is for compound words to have hyphens when they are new coinages and to drop them as they become more familiar. Early uses, for example, put a hyphen in *lap-top*, which few people would do today; and when the crossword was first invented it was normally written *cross-word*, which looks very odd to the modern eye.

Most editors would tell you (again) that consistency is what matters, and it's undeniable that hyphens are going out of fashion. But they do still have their place and this is where the second part of our definition comes in. Hyphens are used to link the words in a phrase, so that the reader knows *which* words are to be linked. There's a world of difference, for example, between *a little-known planet* and *a little known planet* (which, for the sake of clarity, should perhaps be described as *a little, known planet*). Similarly, if you were catering for a party, you'd want to know whether you were expecting *ten year-old girls* (who'd be happy with carrot purée and milk) or *ten-year-old girls* (who'd raise merry hell if you didn't give them cake and fizzy drinks).

There's another area where the hyphen comes in handy and that's *within* a word. The three main uses here are:

- when a letter is repeated: *re-election, re-examine, co-operate, co-ordinate* (some dictionaries have abandoned the hyphen in *co-* words, but the diehards hang on to it and I think it has logic on its side).

- before a capital letter (*un-Christian, anti-Semitic*).

- to avoid ambiguity – *to predate* is to eat a gazelle, say, if you happen to be a lion; *to pre-date* is to come earlier than something. Similarly *recreation* is relaxation and enjoyment, *re-creation* is a second creation; *to recover* is to get better, *to re-cover* is to put on a new cover.

As I've said already, the main purpose of punctuation is to clarify meaning. Put in a hyphen if what you are writing might be ambiguous without one. And if you care about the compound words quoted on the previous page, look them up in a dictionary. The same dictionary each time.

A hard and fast rule about hyphens: yes, believe it or not, there is one. If the first word in a compound adjective is an adverb ending in *-ly*, don't use a hyphen. There is no possibility of ambiguity in *a newly formed band* or *a comfortably decorated house*, so to hyphenate *newly-formed* or *comfortably-decorated* is wrong.

May I quote you on that?

Quotation marks are the marks ' and ' or " and ", also known as inverted commas, that go round direct speech and quotations. It is up to you whether you use single or double quotes – fashions change and opinions vary from one country to another – but be consistent. If you have to write a 'quote within a quote' (see next page) use double quotes within single or single within double.

In British English, quotation marks go *after* other punctuation (whether comma, full stop, question mark or exclamation mark) at the end of direct speech:

> *'I'm not sure,' I said. 'I'll need to think about that.'*
>
> *'When you reach the village,' she said, 'turn left by the church.'*
>
> *'What do you think you are doing?' he demanded.*
>
> *'Hooray!' I shouted, before I could stop myself.*

Before 'I said', 'she said' or any other such expression that doesn't require a question mark or an exclamation mark, the correct punctuation is a comma. In the first two examples above, it would be wrong to put a full stop after *sure* or *village*.

In the first example, the words quoted form two sentences (*I'm not sure. I'll need to think about that.*), so put a full stop after *I said*. In the second example, the words quoted form a single sentence (*When you reach the village, turn left by the church*), so put a comma after *she said*.

The use of inverted commas isn't confined to direct speech. You use them when quoting anything from a song title to a newspaper headline to a line from a poem or novel. In cases such as this, the closing of the inverted commas comes immediately *after* the words being quoted, which often means it comes *before* the full stop at the end of the sentence:

> *The most overrated song of all time? 'Bohemian Rhapsody'? Or 'Hey Jude'?*
>
> *Headline writers always come up with corny puns – I once read a review of a book about sheep headed 'The best farm animal baa none'.*

A final possibility is a 'quote within a quote', when you use the 'double quotes within single' mentioned on the previous page:

> *'I like "Hey Jude",' Sam protested.*
>
> *'"The best farm animal baa none"?' Clare asked, checking that she had heard correctly. 'I think that's quite witty.'*

These examples are using single quotes for direct speech, so they need double quotes for the quotation. In the second example, the question mark is not part of the quotation, so it comes after the double quotation marks. But it *is* part of the direct speech – the words that Clare spoke – so it comes *before* the single quotation marks that indicate the end of what has been said.

Barbara), située entre South Street et Melita Street, présente un intérieur sobre dont la forme ovale est inhabituelle. Elle fut l'église des chevaliers de la «langue» de Provence (des messes y sont célébrées en français, voir p. 123).

A deux pas de là, sur votre gauche en descendant Republic Street, l'**auberge de Provence** abrite aujourd'hui l'excellent **musée national d'Archéologie** (pour les heures d'ouverture, voir p. 113).

L'auberge, de forme symétrique, commencée en 1571 sur des plans de Girolamo Cassar, présente, en bas, des colonnes doriques, au-dessus, des colonnes ioniques, et, de part et d'autre du bâtiment, d'intéressantes moulures d'angle. La façade fut remaniée au XVIIe siècle.

Ce n'est que depuis 1957,

Un coup d'œil, des bastions, sur Senglea et ses chantiers navals.

année où fut inauguré le Musée national, que l'on peut voir réunies les collections des XVIIᵉ et XVIIIᵉ siècles répertoriées par Thémistocle Zammit, célèbre érudit maltais.

Il est indispensable de visiter ce musée pour mieux apprécier les sites préhistoriques de Malte. Parmi les admirables objets exposés, notez la célèbre petite *Sleeping Woman* (Femme endormie), qui provient de l'hypogée de Hal Saflieni, et l'énorme *Fat Lady,* appelée aussi «vénus de Malte», représentant le bas du corps d'une femme forte, trouvée sur le site de Tarxien.

Sont également exposés des objets qui illustrent toute la préhistoire de Malte; parmi ceux qui appartiennent à la période de Tarxien, les plus intéressants sont sans doute des armes, des graines carbonisées et un curieux disque gravé représentant des taureaux et des chèvres. Quelques vases et coupes ont été reconstitués avec des fragments de céramique remontant aussi à cette période.

Au rez-de-chaussée, vous pourrez observer les crânes des premiers colons maltais, de type dolichocéphale (allongé).

A l'étage, le musée abrite quelques objets puniques et

Palais et balcons

A Malte, un grand nombre de palais et de nobles demeures présentent des façades dépouillées, presque hostiles. L'intimité et la sécurité étant autrefois d'une importance extrême, on pénétrait dans la plupart des édifices par une porte latérale voûtée. Certains palais, cependant, sont ornés de balcons en pierre. A l'intérieur, l'architecture simple cède la place à de charmantes cours ensoleillées.

A La Valette, vous verrez également une multitude de *galleriji,* balcons de bois couverts aux couleurs éclatantes. C'est de là que les femmes, cloîtrées, pouvaient entrevoir le monde extérieur et, l'on imagine, prendre un peu l'air.

romains dignes d'intérêt, notamment deux coffrets à bijoux et un *cippus* (borne) portant des inscriptions en phénicien et en grec, qui permirent aux savants de déchiffrer l'alphabet phénicien. Sa réplique fut offerte à Louis XIV et se trouve au musée du Louvre.

Plusieurs œuvres, naguère exposées ici, ont été transférées au musée des Beaux-Arts.

En quittant le musée, si vous continuez en direction du fort Saint-Elme, vous parviendrez à **St. John Square** (place

Saint-Jean), et à la cathédrale.
L'un des angles de la place
abrite un centre artisanal; le
matin, une partie de Mer-
chants Street est un marché en
plein air qui déménage chaque
dimanche à St. James Ditch.

St. John's Co-Cathedral (co-
cathédrale Saint-Jean; voir,
pour les heures d'ouverture,
p. 113), l'église des chevaliers qui domine la place, fut
construite de 1573 à 1577 sur des
plans de Girolamo Cassar. On
la considère comme son chef-
d'œuvre. En 1816, le pape Pie
VII l'éleva au rang de cathédrale. Elle porte ce titre de
«co-cathédrale» parce qu'elle
partage cette dignité avec celle
de Mdina.

Financée par le grand
maître La Cassière qui, après
le Grand Siège, voulut transfé-
rer le plus rapidement possible
toutes les activités religieuses
de Birgu à La Valette, cette
église présente une façade plutôt trapue. L'intérieur, cependant, est une étourdissante
illustration de l'art baroque.
Walter Scott écrivait qu'il
n'avait jamais vu de nef aussi admirable. Celle-ci, dotée
d'une voûte en berceau, a 20
mètres de haut, près de 58
mètres de long et 35 mètres de
large. Au fond, un remarquable maître-autel. La nef est
flanquée de **chapelles** dont la
plupart furent construites par
les diverses «langues» de l'ordre. Il n'est pas un pouce de
cette église qui ne soit sculpté
en haut-relief de motifs sacrés,
peints de couleurs vives, aussi
somptueux que des peintures
de Rubens. D'innombrables
touches d'or ajoutent à l'effet
de magnificence.

Le parterre, en marbre po-
lychrome, recouvre les tombes
des chevaliers. Il est notamment décoré d'armoiries, de
trophées, de squelettes…

Le côté droit de la nef est
occupé par les chapelles Saint-
Jacques, Saint-Georges, Saint-
Sébastien, ainsi que par la
chapelle du Saint-Sacrement.
Celle-ci comporte d'extraordi-
naires **grilles** et **portes** en argent massif, qui furent, dit-on,
astucieusement dissimulées
sous une couche de peinture
noire pour les soustraire aux
convoitises des Français en
1798.

La voûte est décorée de **fres-
ques** à l'huile dues à un peintre
calabrais du XVIIe siècle,
Mattia Preti. Elles racontent
la vie de saint Jean-Baptiste.
L'artiste y travailla cinq ans
(1662–1667).

Le riche **maître-autel** (1681),
dessiné par l'architecte Lorenzo Gafà, présente un ensemble raffiné de marbres, de
métal argenté et de lapis-la- 37

zuli. Le groupe sculpté, derrière l'autel, illustre le baptême
du Christ; il est l'œuvre de
Giuseppe Mazzuoli.

La crypte, à laquelle on accède par la chapelle de Provence, se visite sur demande de
10 h à midi; elle renferme les
tombeaux des douze premiers
grands maîtres.

En regagnant l'entrée de la
cathédrale, vous trouverez sur
la droite les chapelles Saint-
Charles (ou des Saintes Reliques), Saint-Michel, Saint-
Paul, Sainte-Catherine et la
chapelle des Rois mages. La
plupart renferment des bustes
ou autres monuments en hommage aux grands maîtres les

plus illustres. La sacristie est ornée de peintures de Stefano Pieri, de Preti et d'Antoine de Favray.

On accède à l'**oratoire** et au **musée** par une porte à droite en face de l'autel, dans la troisième travée depuis l'entrée. L'élément le plus remarquable de l'oratoire est une peinture monumentale du Caravage, la *Décollation de saint Jean-Baptiste*. Cette peinture baroque, pleine de mouvement, qui utilise largement les clairs-obscurs, est une œuvre plu-

Empruntez un karrozzin *pour découvrir les beautés de La Valette.*

tôt sinistre mais d'un tragique émouvant.

Le musée renferme de splendides **tapisseries** de Judocus de Vos, que l'on suspend dans la nef de la cathédrale au mois de juin. Ces œuvres à caractère religieux du XVIIe siècle ont été exécutées à partir de cartons de Rubens et de Poussin.

De retour dans Republic Street, il faut continuer en direction du fort Saint-Elme pour atteindre **Great Siege Square** (place du Grand Siège), où se dresse un grandiose monument de Sciortino qui représente le Courage, la Liberté et la Foi. En face, les Law Courts (Palais de Justice) occupent un édifice néo-classique à colonnade à l'emplacement de l'ancienne auberge d'Auvergne, détruite par un bombardement pendant la Seconde Guerre mondiale.

Republic Square (place de la République), à deux pas de Republic Street, présente, outre un café en plein air, des boutiques sous arcades.

La **National Library** (Bibliothèque nationale) est au fond de la place. Jadis Bibliothèque de l'ordre (puis Bibliothèque royale de Malte), elle fut édifiée à la fin du XVIIIe siècle pour abriter les collections des chevaliers. Les archives de l'ordre recèlent des documents du XIIe siècle.

Un peu plus loin, derrière la statue de la reine Victoria, on accède par une voûte à la première cour du **Grand Master's Palace** (palais des Grands Maîtres) devenu le siège de la chambre des Représentants. En 1569, le neveu du grand maître Del Monte se fit élever en ces lieux une vaste demeure, que le célèbre Girolamo Cassar devait, à la demande des chevaliers, transformer en palais. Certaines parties de l'édifice abritent des musées.

L'enceinte du palais renferme deux cours ombragées et fraîches, appelées, l'une Neptune Court (cour de Neptune), du nom de la statue qui s'y trouve, l'autre Prince Alfred's Court (cour du prince Alfred). Cette dernière s'enorgueillit d'une **horloge** que fit installer le grand maître Pinto da Fonseca (1741–1773).

Pour visiter le palais, il faut prendre l'escalier, dans la cour du prince Alfred. La Council Chamber (salle du Conseil), où se tenaient les séances du Parlement, recèle les splendides **tapisseries** des Gobelins offertes à l'ordre par le grand maître Ramón Perellos au début du XVIIIe siècle. Ces *tentures des Indes,* ainsi qu'on les appelle, représentent toutes sortes d'animaux et d'oiseaux réels ou imaginaires.

La plus vaste des pièces est la **salle de Saint-Michel et Saint-Georges,** ou Throne Room (salle du Trône), dont le plafond à poutres et la frise ont été peints par Matteo Perez d'Aleccio. Des scènes du Grand Siège décorent les murs, et la rambarde sculptée vient du vaisseau sur lequel Villiers de l'Isle-Adam s'enfuit de Rhodes en 1523.

La **salle des Ambassadeurs,** ou Red Room (chambre rouge), tendue de damas, renferme les portraits de: Louis XIV par De Troy, Louis XV par Van Loo, Catherine II de Russie par Levitsky.

L'**Armurerie,** au rez-de-chaussée du palais, est réputée pour son étonnante collection de cottes de mailles; l'**armure de cérémonie,** incrustée d'or, du grand maître Alof de Wignacourt est particulièrement remarquable. On verra aussi des armes prises aux Turcs, dont l'épée du pirate Dragut.

En quittant le palais par la cour de Neptune, on découvre l'église grecque catholique, dans Archbishop Street −, édifice sans grand intérêt mais qui renferme une **icône** du XIIe siècle, *Our Lady of Damascus* (Notre-Dame-de-Damas), que les chevaliers apportèrent au

L'Hôpital de l'ordre

Les magnifiques bâtiments et salles du Centre méditerranéen de conférences abritèrent à l'origine l'Hôpital de l'ordre, fondé en 1574.

Les chevaliers y accueillaient les malades sans distinction de religion. Les patients, ou «seigneurs malades», traités avec respect et humilité, recevaient des soins d'une grande qualité; leurs repas étaient servis dans la vaisselle d'argent. Tous les chevaliers, du plus jeune novice au grand maître, prenaient soin des malades à tour de rôle.

L'hôpital fut réquisitionné par les Français lorsqu'ils occupèrent l'île, puis par les Britanniques. Pendant la dernière guerre, le bâtiment fut gravement endommagé par les bombes.

moment de leur installation à Malte en 1530; elle a été habilement restaurée en 1966.

A quelques pas de là, la **Gesù Church** (église du Gesù), construite par les Jésuites entre 1592 et 1600, est richement ornée dans le style baroque italien.

Engagez-vous dans Merchants Street pour atteindre le **Mediterranean Conference Centre** (Centre méditerranéen de conférences). Magnifiquement restauré, cet ancien Hô- **41**

Chez saint Paul, le naufragé, des bouteilles pour étancher toute soif.

pital de l'ordre comprend six salles parfaitement équipées; même la Great Ward (grande salle) de 158 mètres de long, où se tenaient autrefois les malades, a été préservée.

Tout visiteur qui découvre Malte se doit absolument de voir le film documentaire *The Malta Experience*, projeté dans une des salles du centre. Des commentaires en six langues sont dispensés par des casques. On vous demandera une modeste taxe d'entrée pour assister à cette excellente introduction à l'histoire de ces îles.

Le **Fort St. Elmo** (fort Saint-Elme), construit en forme d'étoile, à l'extrémité de la presqu'île, ne se visite que sur autorisation. Une entrée séparée conduit au **National War Museum** (musée national de la Guerre) qui renferme d'intéressants souvenirs de la Seconde Guerre mondiale: *Faith*, l'un des quatre biplans chargés de défendre Malte quand l'Italie lui déclara la guerre en 1940; *Husky*, la jeep utilisée par Eisenhower et Roosevelt; et la *George Cross*, hommage à la résistance des Maltais sous les bombes (heures d'ouverture, p. 113).

Autres curiosités

En revenant vers City Gate par Spur Street et Fountain Street, on débouche dans Strait Street (également appelée *the Gut,* le Boyau), célèbre ruelle pittoresque avec ses bars et cabarets. C'était le seul endroit où les chevaliers avaient le droit de se battre en duel.

Parvenu sur Independence Square (place de l'Indépendance), située à proximité, on a une belle perspective jusqu'au port de Marsamxett. Sur votre droite, l'**auberge d'Aragon,** du XVIe siècle, fut la première des auberges de La Valette. Le porche dorique est un ajout ultérieur. En face, St. Paul's Anglican Cathedral (cathédrale anglicane Saint-Paul), de style néoclassique, avec son imposant **clocher** de 60 mètres de haut, date du XIXe siècle.

L'**église des Carmes,** dans Old Theatre Street, est un autre édifice remarquable avec son énorme coupole de 42 mètres de haut. Sérieusement endommagée pendant la dernière guerre, elle fut reconstruite autour des ruines de l'édifice primitif.

Elevé en 1731 sous le «règne» du grand maître Manoel de Vilhena, le **théâtre Manoel** connut ensuite une triste période de délabrement avant d'être restauré et de devenir le Théâtre national de Malte. Sa forme ovale, ses loges dorées, en gradins, en font un véritable bijou. La visite commence au guichet situé dans Old Theatre Street (voir p. 113 pour les horaires).

Plusieurs autres églises baroques de la vieille ville méritent une visite: St. Roque, Sainte-Ursule (toutes deux dans St. Ursula Street) et **St. Paul Shipwrecked** (Saint-Paul-le-Naufragé), dans St. Paul Street. Cette dernière est un riche édifice du XVIIIe siècle doté d'une façade du XIXe. Son trésor: une **statue** baroque **de saint Paul** par M. Gafà.

Le **National Museum of Fine Arts** (musée des Beaux-Arts) est à la croisée de South Street et de Republic Street, près de City Gate. C'est un charmant palais restauré qui date du XVIe siècle; en été, sa cour intérieure accueille des expositions d'artistes contemporains. Jadis occupé par les chevaliers, le palais devint par la suite la résidence du commandant de la flotte britannique en Méditerranée.

Les **collections** (dont la plupart proviennent du musée national d'Archéologie) rassemblent des peintures des écoles italienne, flamande et hollan- **43** daise, ainsi que des œuvres d'artistes français tels qu'Antoine de Favray, Claude Joseph Vernet et Louis de Cros. Le sculpteur maltais contemporain Antonio Sciortino y est également bien représenté.

Les objets exposés au soussol: vases, pots d'apothicaire et la somptueuse **argenterie** que les chevaliers utilisaient pour servir leurs malades.

Aux abords de City Gate (à droite, avant de sortir de la ville), les **Hastings Gardens** portent le nom du marquis de Hastings, gouverneur de Malte de 1824 à 1826. De ces jardins, on a une **vue** splendide sur le port de Marsamxett et, à l'extrême gauche, sur Floriana, l'église Saint-Publius et Independence Arena. On peut également admirer les énormes **bastions** St. Michael (Saint-Michel) et St. Andrew (Saint-André). Construits peu après le Grand Siège, ils ont de 18 à 21 mètres d'épaisseur. De l'autre côté du port: les rades *(creeks)* de Msida et de Lazzaretto, Manoel Island (île Manoel), Dragut Point et le fort Tigné.

Avant de rejoindre City Gate, longez les fortifications du St. John's Cavalier (cavalier de Saint-Jean) et du St. James' Cavalier (cavalier de Saint-Jacques).

Autour de La Valette

Floriana

Pour se rendre à La Valette par la terre ferme, on traverse inévitablement le vaste faubourg de Floriana; il doit son nom à Paolo Floriani, l'ingénieur militaire italien qui recommanda la construction de forteresses avancées pour protéger la capitale du côté de l'intérieur.

En voiture, on passe sous – ou à côté de – la **porte des Bombes**, à deux arcs: l'un date du XVIIIe siècle, l'autre fut élevé par les Britanniques par souci d'harmonie. Dans St. Anne Street, St. Publius Church (église Saint-Publius), magnifique édifice du XVIIIe siècle à deux tours, tient son nom du premier évêque de Malte. Dans le ravissant jardin voisin, le Phoenicia Hotel, la plus grandiose des vieilles hôtelleries de l'île, est une bonne illustration du style colonial britannique.

Vittoriosa, Senglea, Cospicua

«The three cities» (les trois cités) font face à La Valette, de l'autre côté du Grand Harbour (Grand Port). On peut s'y rendre en bus du terminus de City Gate, en voiture en

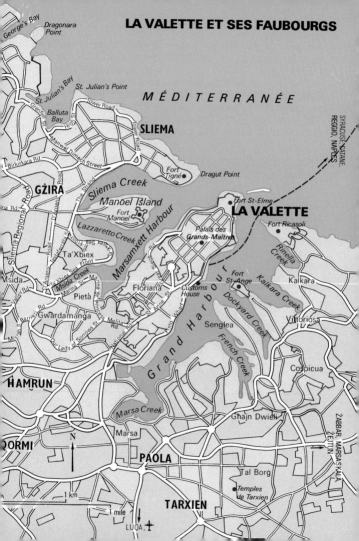

LA VALETTE ET SES FAUBOURGS

George's Bay

Dragonara Point

St. Julian's Bay
St. Julian's Point

Balluta Bay

Grenf... Bay

Tower Road

High Street

Manwel Dimech Street

Birkirkara Rd.

SLIEMA

MÉDITERRANÉE

SYRACUSE-CATANE,
REGGIO, NAPLES

Tower Road

Fort Tigné

Dragut Point

The Strand

GŻIRA

Sliema Creek

Manoel Island

Fort Manoel

Fort St-Elme

LA VALETTE

Fort Ricasoli

Lazzaretto Creek

D'Argens Rd.

Sliema Regional Rd.

Pinella Creek

...na Rd.

Ta'Xbiex

Lazzaretto Creek

Marsamxett Harbour

Palais des Grands-Maîtres

Ta'Xbiex Sea Front

Msida Creek

Marina St.

St. Xbiex Rd.

Testaferrata...

Kalkara Creek

Kalkara

Fort St-Ange

Msida

Marina St.

Pietà

Melita Rd.

Sarria Rd.

Floriana

Customs House

Dockyard Creek

Kalkara Creek

Vittoriosa

Princess St.

St. Barbar... Rd.

Gwardamanga

Our Lady of Sorrows St.

Melita Rd.

National Rd.

Santa Venera Rd.

Amy Wharf

Senglea

French Creek

Cospicua

Grand Harbour

HAMRUN

Marsa Creek

Ghajn Dwieli

ŻABBAR, MARSASKALA, ŻEJTUN

QORMI

Marsa

N

PAOLA

Tal Borġ

Temples de Tarxien

1 km

1 mile

LUQA

TARXIEN

passant par MARSA, ou encore en *dghajsa* (bateau-taxi) depuis le débarcadère de Customs House.

Pour voir la belle façade de l'auberge d'Angleterre, allez au cœur de **Vittoriosa,** dans Majjistral (ou Mistral) Street. A proximité, sur le côté gauche de Vittoriosa Square, se dresse la petite église Saint-Joseph. Pour la visiter, il faut demander la clé au «musée» voisin; elle conserve une épée et un couvre-chef ayant appartenu à Jean de La Valette!

En descendant vers Dockyard Creek, après avoir traversé une place tranquille, vous aboutirez à la **Church of**

St. Lawrence (église Saint-Laurent), qui fut la première église conventuelle des chevaliers avant leur installation à La Valette. Elle fut reconstruite par Lorenzo Gafa à la fin du XVIIᵉ siècle. L'intérieur est magnifiquement décoré de peintures et de colonnes en marbre rose.

En contrebas, le Freedom Monument (monument à la Liberté) fut inauguré le 31 mars 1979, lorsque la Grande-Bretagne quitta définitivement l'île. Autrefois boulangeries de la Royal Navy, les bâtiments bleus voisins abritent de nos jours un musée maritime gouvernemental.

Le **Fort St. Angelo** (fort Saint-Ange) offre une vue superbe sur le Grand Port. Cet emplacement fut successivement occupé par des temples phénicien, grec et romain dédiés respectivement à Astarté, à Héra et à Junon. A l'intérieur, la chapelle Sainte-Anne a conservé quelques colonnes que l'on qualifie de classiques. Quartier général de la Marine britannique pendant la Seconde Guerre mondiale, le fort se montra véritablement d'une résistance à toute épreuve.

Senglea et Cospicua ont également terriblement souffert de la guerre. Reconstruites, elles sont devenues des zones résidentielles. SENGLEA, aussi appelée l'Isla, doit son nom au grand maître qui la fit fortifier avant le Grand Siège,

Vittoriosa doit son nom à la victoire des chevaliers, lors du Grand Siège. **47**

Vu du port

A Sliema, diverses compagnies organisent, plusieurs fois par jour, des promenades en bateau de deux heures qui permettent de découvrir La Valette et ses environs depuis la mer. Un guide décrit avec précision le panorama. Vous verrez ainsi l'endroit d'où les chevaliers tendaient de lourdes chaînes en travers du Grand Port pour empêcher les Turcs d'y pénétrer et les quais de Grand Harbour Marina.

Dans une anse *(creek)*, vous découvrirez d'énormes pétroliers; dans une autre, une cale sèche, réalisée avec le concours de la République populaire de Chine. La grue de 29 mètres de haut qui se dresse, menaçante, l'une des plus grandes du monde, soulève jusqu'à 150 tonnes.

La Valette, vue du large, offre un majestueux ensemble de forteresses, de flèches et de coupoles.

Claude de la Sengle. Isola Point est orné d'un joli petit jardin et d'un poste de guet habilement sculpté… avec œil et oreille. Cospicua (ou Bormla) est entourée de formidables remparts appelés **Cotonera Lines,** du nom du grand maître qui les fit construire au XVIIe siècle, Nicolas Cotoner.

Sliema et St. Julian's Bay

Cinq kilomètres à peine séparent Floriana de Sliema's Strand. On s'y rend par les faubourgs de Pieta, Msida et Ta'Xbiex.

Sliema, prospère faubourg de 14 000 habitants, est beaucoup plus vaste que La Valette. Cette agglomération toute nouvelle a connu un développement rapide ces dernières années. Vous y découvrirez de bons restaurants, des hôtels et des boutiques et, sur

le littoral rocheux, des plages tout à fait accueillantes.

Après St. Julian's Point et sa tour fortifiée (qui abrite maintenant un agréable café), on parvient à BALLUTTA BAY et, au-delà, à **St. Julian's Bay;** cet ancien village de pêcheurs est doté de quelques boutiques et de deux bons cafés-restaurants. Un peu plus loin encore, avant d'arriver à St. George's Bay, on traverse la zone des hôtels de luxe, des boîtes de nuit et du casino. En été, le

Malgré l'afflux des visiteurs, St. Julian's Bay garde tout son calme.

week-end, cette partie du littoral fourmille de baigneurs avides de soleil.

L'ancienne base militaire de ST. ANDREW, qui formait un complexe autonome avec ses magasins, ses banques et ses églises, est progressivement reconvertie en secteur résidentiel et de vacances. **49**

Vers l'intérieur: Mdina et Rabat

Pour atteindre Mdina, à une douzaine de kilomètres de La Valette, la route traverse le faubourg industriel de HAM-RUN, animé et populeux, puis longe l'**aqueduc** que fit construire au XVIIe siècle le grand maître Wignacourt pour alimenter La Valette en eau.

Depuis ATTARD, faites un petit détour à droite jusqu'aux **San Anton Gardens.** Dans ces jardins ombragés et rafraîchissants, vous découvrirez des fleurs et des arbres tropicaux, quelques plantes vertes géantes – lointaines descendantes, peut-être, des espèces qui connurent, il y a des millénaires, l'époque luxuriante de l'île, lorsque pluies et végétation abondantes favorisaient toute une vie sauvage – et un petit zoo. La noble demeure couverte de bougainvillées et de lierre, à l'autre bout des jardins, est la résidence officielle du président de la République; elle est due au grand maître Antoine de Paule (XVIIe siècle).

Sur la route de Mdina, à l'embranchement suivant, prenez à droite pour gagner TA'QALI, un ancien terrain d'aviation transformé en village d'artisans (voir p. 88).

Mdina

Cette citadelle historique, l'un des plus beaux sites de Malte, mérite absolument une visite. Pareille à une splendide proue de navire, la vieille ville domine, du haut de ses 213 mètres, plaines et collines qui descendent jusqu'à la mer. Peut-être le site fut-il habité dès l'âge du bronze. On sait en tout cas que Carthaginois et Romains s'y établirent. Ces derniers le nommèrent *Melita* (miel); saint Publius, gouverneur romain converti par saint Paul et premier évêque de Malte, y vécut. Lorsque les Sarrasins fortifièrent le promontoire au IXe siècle, ils le rebaptisèrent *Mdina* (la cité) et le séparèrent de Rabat, son «faubourg».

Mdina, la *Città Notabile,* fut la première capitale de Malte. Elle devint ensuite le siège de l'évêché et de l'*Università* (voir p. 17). C'est ici que Roger le Normand fut acclamé pour avoir libéré l'île des Arabes en 1090. Lorsque les chevaliers firent de La Valette leur capitale, Mdina devint la *Città Vecchia* (vieille cité).

Aujourd'hui, de la «ville silencieuse», énigmatique et secrète avec ses rues étroites et quasi désertes, émane une atmosphère mystérieuse, accentuée par la présence de plusieurs vieilles familles maltaises cloîtrées dans l'intimité de leurs palais. Mais Mdina possède aussi de charmants petits restaurants pleins de fraîcheur, où les gens de La Valette aiment passer la soirée.

On pénètre dans la ville par l'une des deux grandes portes (datant de 1724), après avoir traversé l'espace de verdure des Howard Gardens et franchi le fossé ponté. Laissez à votre gauche Greeks' Gate (porte des Grecs) et prenez **Mdina Gate,** l'entrée principale. L'enceinte franchie, on tombe sur **Vilhena Palace** (pa-

lais de Vilhena, du nom du grand maître qui le fit construire au XVIIIe siècle), dont la cour et la façade harmonieuses témoignent du style classique français. Il abrite un curieux musée d'Histoire naturelle, qui expose des exemples de strates calcaires propres à Malte et de formations rocheuses provenant de Gozo. En face du palais, la Torre dello Standardo (tour de l'Etendard), du XVIe siècle, a été transformée en commissariat de police. **Villegaignon Street,** l'artère principale, traverse la cité de part en part.

A votre droite, le Convent of St. Benedict, couvent inter-

1 Eglise de l'Annonciation
2 St. Roque
3 Palazzo Santa Sophia
4 Casa del Magistrato
5 Banca Giuratale
6 Palais épiscopal
7 Musée de la cathédrale
8 Chapelle St-Nicolas
9 Palazzo Gatto-Murina
10 Casa Viani
11 Palais Testaferrata
12 Casa Inguanez
13 St-Pierre
14 Chapelle Ste-Agathe
15 Couvent St-Benoît
16 Tour de l'Etendard
17 Palais de Vilhena et Musée d'Histoire naturelle
18 Villa et Musée romains

MOSTA

Bastion Sq.
Palais Falzon
Bastion Street
MDINA

0   50   100   150 m
0   50   100   150 yards

Carmel St.

Magazine Street

St. Peter St.
St. Sophia St.
Holy Cross
Nicolas St.

Villegaignon St.

St. Roque St.

St. Paul's Square

Gatto-Murina St.

DE REDIN BASTION
Cathédrale

Archbishop Square

Greeks' Gate
Inguanez Street
Mesquita

St. Paul Street

Mesquita Street

Street

12   13   15
14   16

Xara Palace

Inguanez Street

N

17

Mdina Gate

Marfa Road

Howard Gardens

Museum Esplanade

Museum Rd.

PARISH SQUARE,
ROTTE ET CATACOMBES DE ST-PAUL,
CATACOMBES DE STE-AGATHE

PALAIS DE VERDALA,
BUSKETT

ÉGLISE ST-AUGUSTIN

MOSTA

dit aux hommes, a des murs extérieurs aveugles. Les deux petites églises ont pour nom St. Peter (Saint-Pierre) et St. Agatha (Sainte-Agathe). A gauche, la **Casa Inguanez** loge la plus ancienne famille noble de Malte. A proximité de St. Paul Square, l'imposant Testaferrata Palace (fermé au

public) abrite une collection d'art.

L'étonnante **cathédrale** (qui partage la «dignité épiscopale» avec la cathédrale Saint-Jean à La Valette) est une réalisation baroque remarquable sur cette île déjà riche d'art baroque. La façade, avec ses deux clochers, ses trois portes ornées de pilastres de deux ordres (corinthien en bas, composite au-dessus), et ses deux canons au premier plan, forme un bel ensemble.

La première église, élevée au cours du XIIIe siècle, occupe – selon la légende – le site de la maison de Publius. Mais elle fut rasée, à l'exception de l'abside, par un tremblement de terre en 1693. Le nouvel édifice, construit entre 1697 et 1702, est considéré comme le chef-d'œuvre de Lorenzo Gafà. L'intérieur, très riche sous son impressionnante coupole, possède de belles proportions; des mosaïques de marbre multicolores recouvrent les tombeaux des évêques.

Parmi les œuvres les plus remarquables: les **portes** de bois massif donnant accès à la sacristie; le *Naufrage de Saint*

Chaque touriste se doit de visiter la merveilleuse cathédrale de Mdina.

Paul, **fresque** pleine de vie de Mattia Preti, dans l'abside; à gauche de celle-ci une **croix processionnelle** en argent, apportée, dit-on, de Rhodes par les chevaliers.

A l'extérieur, à droite du Palais épiscopal, l'ancien séminaire abrite le **musée de la Cathédrale.** Il renferme tout (ou presque) ce qui a été sauvé de l'ancienne église: une exquise pièce de marqueterie du XVe siècle venant du chœur, le carrosse de l'évêque, diverses bulles papales, ainsi que des vestiges puniques et romains. Les amateurs ne pourront rester insensibles à l'admirable **collection numismatique.**

A l'étage sont présentés des tableaux d'écoles diverses (sicilienne, flamande, espagnole), exécutés entre le XVIe et le XVIIIe siècle, un admirable ensemble de bois de Dürer, ainsi que des gravures de Rembrandt, Piranèse, Van Dyck et Goya. Il faut signaler également les superbes antiphonaires enluminés du XIe siècle et quelques précieux objets religieux en argent exposés dans une autre salle.

Plus loin dans Villegaignon Street, le **Palazzo Santa Sophia,** qui serait la plus ancienne demeure de Mdina, présente un ornement typi- **53** quement maltais: un «bandeau» de corbeaux triangulaires décorés de petites boules.

L'énorme édifice, à gauche, est la **Church of the Annunciation** (église de l'Annonciation); ses cloches jouèrent un rôle dans le soulèvement de 1798. Les Français s'apprêtant à vendre les riches tapisseries de l'église, un jeune homme s'en prit au commandant Masson. On sonna alors le tocsin pour alerter les gens des campagnes avoisinantes. Après un grand tumulte, les Maltais, furieux, précipitèrent le commandant du balcon de la maison du notaire. Ce fut le premier épisode d'une rébellion qui allait aboutir, en 1800, au retrait des Français.

Presque à l'extrémité de Villegaignon Street se dresse, sur la droite, **Norman House** (ou palais Falzon). La partie inférieure est la plus ancienne (XIVᵉ–XVᵉ siècle). Sa façade n'avait pour toutes ouvertures que des meurtrières. En haut, admirez les charmantes fenêtres à arc double.

La rue débouche sur un grand bastion offrant une **vue** splendide jusqu'à Mosta et son énorme coupole rouge, et, à l'est, jusqu'aux flèches des églises de La Valette.

En revenant vers la cathédrale par Bastion Street, pa-

rallèle à Villegaignon Street, vous pourrez jouir du panorama sur la partie sud-orientale de Malte.

Rabat

Avant de traverser les Howard Gardens pour pénétrer dans Rabat, il faut visiter les **Roman villa and museum** (villa romaine et son musée). Ce modeste édifice à colonnes en pierre rose, joliment restauré, renferme les vestiges de tombeaux grecs, carthaginois et romains. L'atrium est décoré de délicates mosaïques originales dans le style vermiculé. Les plus divertissantes représentent deux naïades frappant un satyre, et un élégant oiseau s'abreuvant dans une coupe.

Rabat, faubourg de Mdina, possède des édifices anciens et modernes. **St. Augustine's Church** (église Saint-Augustin), dans St. Augustine Street, fut construite par Cassar deux ans avant la cathédrale de La Valette, qu'elle annonce de plusieurs manières – notamment par sa monumentale voûte en berceau.

Au cœur de Rabat, sur Parish Square, se dresse **St. Paul's Church** (église Saint-Paul), opulent édifice du XVIᵉ siècle dont certains pensent qu'il est en partie l'œuvre de Lorenzo Gafà (plus particuliè-

C'est dans cette grotte que l'apôtre Paul aurait vécu tout un hiver.

rement la grande coupole). Fin juin, début juillet, à l'occasion de fêtes, l'église déploie ses damas pourpres et sort ses chandeliers d'argent de plus de 3 mètres de haut et autres objets précieux. La place est aussi somptueusement décorée.

A gauche de l'église, en bas d'un escalier, se trouve la **St. Paul's Grotto** (grotte de saint Paul), que l'on peut éclairer pour quelques cents. Saint Paul s'y serait réfugié après son naufrage sur les côtes maltaises.

Les **catacombes** (de saint Paul et de sainte Agathe, indiquent des écriteaux) forment un labyrinthe de couloirs et de galeries fraîches. Leurs dimensions laissent supposer qu'une importante communauté chrétienne vécut dans la région aux IVe et Ve siècles. **55**

Verdala, Buskett, Dingli

Verdala Castle (château de Verdala) est à quelques minutes seulement à l'est de Rabat, sur la route de Buskett. Il est ouvert le mardi et le vendredi. Le gardien et conservateur vous fera découvrir d'experte façon ce château qui, aussi bien de l'extérieur que de l'intérieur, vous réserve un spectacle étonnant. Autrefois résidence d'été des grands maîtres puis des gouverneurs, le palais est aujourd'hui réservé aux invités de marque. Ce château carré, entouré de douves et de pins, fut construit par Girolamo Cassar en 1586 pour le grand maître de Verdalles (cardinal Verdala). De son **escalier** monumental, on découvre un vaste panorama.

C'est dans les jardins de **Buskett**, ou *Boschetto* (bosquet), l'espace vert le plus luxuriant de l'île, que les chevaliers élevaient leurs faucons. Un célèbre festival folklorique s'y tient les 28 et 29 juin, deux jours pendant lesquels ces Buskett Gardens sont en fête.

Le palais d'été de l'Inquisiteur, construit au XVIIe siècle, est une résidence par trop charmante pour un personnage aussi redoutable, mais ce cadre verdoyant devait sans doute le «reposer» de ses sinistres tâches. Il a été récemment restauré mais demeure toujours fermé au public.

En reprenant la route en direction du sud, on traverse le petit village de DINGLI pour atteindre les **Dingli Cliffs** (falaises), d'où l'on jouit d'une vue vertigineuse sur la mer; à gauche se dessine l'ombre ténue de l'île de Filfla.

La côte sud-est

GHAR LAPSI est un petit village pittoresque, logé dans une baie abritée au pied des falaises. Sa plage est modeste, mais ses petits restaurants sans prétention sont agréables.

Plus loin, en direction de ŻURRIEQ, la **Blue Grotto** (grotte bleue) est moins grande (et moins fréquentée) que celle de Capri. La route d'accès, qui ménage des points de vue spectaculaires, débouche sur un petit parc de stationnement; là, des pêcheurs, dans leur bateau-taxi aux couleurs vives, sont prêts à vous emmener au-delà du cap jusqu'aux grottes calcaires. Il est préférable de s'y rendre le matin avant 11 heures, lorsque la lumière oblique éclaire bien l'intérieur.

L'excursion de 25 minutes prévoit la visite de plusieurs d'entre elles. La première, de près de 8 mètres de profondeur, est colorée de belles nuances de rose, de mauve et d'orange par la présence du corail et de concrétions; ces mêmes reflets «jouent» dans les trois ou quatre autres grottes que vous visiterez, notamment dans la «Reflection Cave» (grotte aux reflets). La grotte bleue porte bien son nom: on ne pourrait trouver bleu plus pur et plus luminescent. En sortant, vous remarquerez une «fenêtre» naturelle carrée, creusée dans le roc, qui crée un éclairage fluorescent.

Marsaxlokk, sur la partie orientale de MARSAXLOKK BAY, est le principal village de pêcheurs de Malte. La mer bleue et calme, le *luzzu* dansant sur l'eau et les pêcheurs occupés à réparer leurs filets rouges en font un port à la fois pittoresque et paisible. La

Pêche ou tourisme, à Marsaxlokk, on ne peut pas travailler sans filet.

grande baie renferme deux petites anses semblables: St. George's Bay et Pretty Bay, naguère retraite des riches Maltais. Mais des industries et installations modernes ont fait perdre à Pretty Bay (jolie baie) un peu de sa popularité.

Le pirate Dragut attaqua Marsaxlokk en 1565; aussi, au XVIIe siècle, furent élevées plusieurs tours défensives, toujours en place, qui ne devaient cependant pas arrêter Bonaparte et ses troupes en 1798. La petite route qui descend jusqu'à Delimara Point passe d'abord par Tas-Silġ Chapel: vous y verrez un monastère de Carmélites et le site d'un temple punico-romain qui aurait été dédié à Astarté ou à Héra. Delimara Bay et Peter's Pool, au littoral rocheux et aux eaux profondes, sont de merveilleux lieux de baignade, loin des plages fréquentées. A Xrobb il-Għaġin, on peut voir les tristes – mais non moins romantiques – ruines d'un temple néolithique.

Marsaskala, avec ses jolies maisons pastel et ses barques de pêcheurs colorées ressemble à un petit Marsaxlokk. Les rives de l'étroite baie ont accueilli récemment des villas, des appartements, ainsi que l'un des plus grands hôtels de **58** Malte.

La côte nord-ouest

Quoique relativement fertile, cette partie de Malte, difficile à défendre, était peu peuplée dans le passé. Aujourd'hui, ses plages de sable attirent les foules.

A l'intérieur des terres, impossible d'ignorer la petite ville de **Mosta** et la **coupole** de son église, visible de très loin. L'église **St. Mary** fut édifiée de 1833 à 1860 sur des plans de l'architecte Giorgio de Vassé, grâce au travail bénévole et aux dons de la population. Aussi les autochtones en sont-ils très fiers! L'énorme **coupole,** de 37 mètres de diamètre, construite sans échafaudages, reste l'une des plus grandes du monde. L'église présente une façade à colonnades de style classique. A l'intérieur, on se croirait dans une rotonde entourée d'absides. Le sol de marbre aux dessins géométriques accentue cette impression. C'est à gauche, près de l'autel, qu'une bombe traversa la coupole, le 9 avril 1942, et glissa sur le sol sans exploser, épargnant miraculeusement les fidèles as-

Par voie de terre ou par voie d'eau, l'alternative reste l'âne ou le luzzu.

semblés. Une réplique de la bombe est exposée dans la sacristie.

Au nord-ouest de Sliema et de St. Julian, **St. Andrew's** fut une énorme base militaire. Aujourd'hui le village a retrouvé une vocation civile et il accueille aussi des vacanciers. La route rejoint la côte à Bahar ic-Caghaq, où se trouve un parc aquatique. Après avoir dépassé plusieurs promontoires surmontés de leurs tours défensives, on atteint **Salina Bay** et son grand parc, le John F. Kennedy Memorial Grove, qui comprend un terrain de jeux, des puits salants et des roselières. Plus loin, en longeant la baie, on tombe sur **Qawra** (n'oubliez pas que le Q est toujours muet!) avec ses grands hôtels et une excellente infrastructure qui ravira tous les amateurs de sports nautiques.

Ensuite, que l'on passe par Qawra Point, dont le fort a été converti en restaurant, ou que l'on traverse la presqu'île, on atteint **St. Paul's Bay.** Au sud, le village de **Buġibba** et la ville de Pawl il Bahar ont grandi ensemble pour devenir une vaste station balnéaire, avec petites plages sablonneuses, rochers et sports nautiques. Hôtels, appartements, restaurants, bars et discothèques y ont fleuri, mais la vie traditionnelle suit son cours dans les ruelles de la vieille ville et dans le port de pêche.

Le dôme de l'église de Mgarr (1927)
60 *ressemble fort à celui de Mosta.*

C'est dans cette région que saint Paul aurait atteint la terre ferme après son naufrage en 60 apr. J.-C. La légende place même l'événement sur la plus grande des deux îles que l'on peut apercevoir au large de St. Paul's Bay.

En se rapprochant du fond de la baie, on atteint GHAJN RASUL (qui signifie «source de l'Apôtre»). On raconte, en effet, que saint Paul, frappant le rocher en cet endroit, en aurait fait miraculeusement jaillir de l'eau. Il faut également voir MISTRA BAY (crique à l'intérieur de St. Paul's Bay). Après avoir traversé Kalkara Ravine, on prend un chemin

Mellieħa domine une superbe région où la mer invite au farniente.

de terre jusqu'à la redoute, d'où la **vue** est grandiose.

Mellieħa Bay, que domine Marfa Ridge (la crête constituant la «queue» de cette île en forme de **vue** poisson), offre la plus belle étendue de plages sablonneuses de Malte. Elle est en général noire de monde.

Au-dessus, perchée sur un éperon, la petite ville de MEL-LIEHA (4000 habitants) offre une **vue** splendide sur Marfa Ridge, sur Comino et, au loin, **62** sur Gozo et ses clochers. A gauche de Marfa Ridge se dresse Red Tower (tour rouge), construite par les chevaliers en 1649. En redescendant vers la plage, on aperçoit à mi-chemin, derrière des lauriers blancs et rouges, une pimpante maison «troglodytique», aménagée dans un abri de la dernière guerre.

La jolie **église** de Mellieħa (XVIIIe siècle), en pierre rouge, se dresse fièrement sur un piton, telle une forteresse. Elle renferme une chapelle du début du Moyen Age qui, elle-même, recèle une **peinture** de la Vierge attribuée à saint Luc. Aussi, cet ensemble constitue-t-il un but de pèlerinage.

La côte nord de Marfa Ridge présente plusieurs baies (certaines sont ourlées de sable) et lieux de baignade. La mieux aménagée est probablement **Ramla Bay,** avec son hôtel moderne. À Cirkewwa se trouve l'embarcadère de la navette entre Malte et Gozo. Le trajet dure 20 minutes.

La baie voisine, rocheuse et splendide, porte le nom d'**Anchor Bay** en raison des nombreux points de mouillage qu'offrait sa rive autrefois. Pour y parvenir, il faut presque revenir jusqu'à Mellieħa, car il n'existe pas de route en corniche.

Contre une modeste taxe d'entrée, les enfants seront ravis de voir leur **village** en ruines, sur les rives de Anchor Bay, construit pour le film **Popeye.** Il est ouvert aux touristes (une boutique y vend des souvenirs du film).

Golden Bay *(Ramla Tal-Mixquqa)* forme un croissant de sable d'or qui, hélas, n'est pas toujours immaculé! De nombreux hôtels et cafés occupent la place et, dans le voisinage, un centre touristique s'est implanté, proposant piscine et piste de danse en plein air. Un long escalier mène à Għajn Tuffieħa Bay. Les baigneurs y sont moins nombreux qu'à Golden Bay.

Les sites préhistoriques

La préhistoire de Malte est impressionnante et énigmatique. Tout a commencé par l'arrivée, au cinquième millénaire av. J.-C., d'une vague de cultivateurs venus de Sicile. D'autres migrations suivirent.

Les diverses phases de la civilisation préhistorique maltaise sont les suivantes: Għar Dalam, qui dura jusqu'en 4500 av. J.-C. environ*; Skorba, qui, de 4500 à 4100, se caractérise par sa poterie grise et rouge; Żebbuġ 3900; Mġarr 3700 et Ġgantija (3600–300). Pour cette dernière période, il faut signaler les remarquables temples de Ġgantija sur Gozo (voir p. 77), de Ħaġar Qim, un temple primitif à Tarxien et un autre à Mnajdra. L'hypogée de Hal Saflieni, à Paola, est un ensemble extraordinaire datant de 3300. La phase de Tarxien (3200–2500) a également connu une active période de construction de temples.

---

*Toutes les dates relatives à la préhistoire sont approximatives. Elles résultent des toutes dernières recherches, menées grâce à la dendrochronologie, et qui ont fait reculer les dates obtenues jusqu'à présent selon la technique du carbone 14.

L'économie préhistorique

Comment les tombes et les temples de l'ancienne Malte furent-ils édifiés et «financés»? Les vestiges découverts suggèrent que les insulaires menaient une vie pacifique, nullement troublée par des voisins extérieurs. Il y a des millénaires, les pluies étant abondantes, l'agriculture pouvait satisfaire aux besoins des autochtones.

Un système tribal avec perception d'une dîme aurait permis le développement d'une société structurée, capable de «payer» prêtres et artisans et de construire des temples.

Mais les habitants durent importer silex et obsidienne, introuvables sur place, pour fabriquer les outils nécessaires pour leurs constructions. Quelle était leur «monnaie» d'échange: des denrées périssables, des textiles ou des robes de cérémonie destinées à la célébration des cultes? Nul ne peut encore le dire…

Puis, vers 2500 av. J.-C., on note la disparition complète et inexpliquée de cette civilisation de bâtisseurs de temples. Sécheresse et famine, émigration, suicide collectif... les hypothèses sont nombreuses! La vague d'immigrants suivante (2500–1500), utilisa Tarxien comme sépulture. On les appelle les «hommes des cimetières». Vient la période de Borg in-Nadur, vers 1500 (l'âge du bronze), avec l'installation de colons sur le site du même nom. Enfin, avec les progrès de la navigation, vers 800, ce sont les Phéniciens qui débarquèrent dans l'archipel.

On a peu de données précises sur le type de religion pratiqué par les bâtisseurs de temples. Les archéologues optent pour un culte en rapport avec la mort et la fertilité. La présence à Tarxien d'une statue particulièrement corpulente et portant une jupe (l'original se trouve au Musée national), laisserait supposer que les autochtones célébraient la fertilité. On a aussi retrouvé des symboles phalliques. La petite terre cuite représentant une «Femme endormie» (également au Musée national) pourrait représenter une adoratrice ou bien une prophétesse dont les rêves devaient être interprétés.

La construction des temples suivait en général le schéma suivant: les murs extérieurs, courbes, étaient formés de blocs de calcaire corallien (très dur), disposés alternativement sur leur face ou leur arête. Venaient ensuite un remplissage de maçonnerie et les murs intérieurs, de calcaire à globi

Les ruines de Tarxien abondent en vestiges archéologiques de choix.

gérine le plus souvent. La toiture était faite de bois et (ou) de broussailles. Entrées et passages étaient construits selon le mode du «trilithon» (deux dalles dressées l'une en face de l'autre, et supportant une troisième de même format).

La plupart des temples comprenaient des chambres en forme de lobes, disposées autour d'une cour ou d'un passage central; ces chambres ou absides étaient au nombre de trois, quatre, cinq ou six.

Des autels, des chambres sans doute réservées à l'oracle et des pierres (qui semblent avoir été creusées pour recueillir le sang d'animaux immolés), constituent certains des traits communs à tous les temples; ceux-ci étaient, pour la plupart, précédés d'une imposante façade concave dotée d'une entrée. **65**

L'intérieur et les autels étaient décorés de motifs sculptés; et, bien qu'on ait du mal à le croire, ces incisions furent vraisemblablement exécutées à la pierre, car aucun outil de métal adapté à ce genre de travail n'a été retrouvé. On pense qu'ils étaient teintés et si toutes les couleurs n'ont pas survécu, certaines traces sont encore visibles sur l'hypogée.

A l'âge du bronze surgirent à Malte des techniques très élaborées du travail du métal; mais la nouvelle race d'immigrants ne produisit rien de comparable aux réalisations précédentes, qui pour beau-

coup furent antérieures à d'autres merveilles comme la Grande Pyramide d'Egypte ou Stonehenge en Angleterre. Cependant, les techniques de construction maltaises, totalement originales, donnent à penser que les bâtisseurs ne se seraient inspirés de personne.

Voici certains des sites archéologiques et des grottes les plus intéressants:

A une dizaine de kilomètres de La Valette se trouve l'important site de **Għar Dalam.** Son petit musée montre le genre d'animaux qui vivaient à Malte au pléistocène, tels que des hippopotames et des éléphants nains. A une certaine époque, la mer recouvrit Malte, puis se retira, laissant probablement affleurer une bande de terre jusqu'à la Sicile qui permit aux animaux de passer. Le climat devenant plus sec et la nourriture plus rare, ils périrent peu à peu. Dans la grotte située au pied de la colline, on a retrouvé leurs ossements et des restes humains, plus récents.

Découverte à la fin du XIXᵉ siècle, cette grotte naturelle donne sur un *wied,* ravin creusé par des torrents à la fin d'une ère pluviale. Elle renfermait des détritus, des ossements d'animaux sauvages; les restes humains et les graines carbonisées qui formaient les couches supérieures révèlent la présence de l'homme au néolithique. Stalactites et stalagmites sont aujourd'hui les seules curiosités de cette grotte fraîche et reposante.

A moins de 2 kilomètres en direction de St. George's Bay, **Borġ in-Nadur,** village fortifié vers 1500 av. J.-C., propose quelques ruines, ainsi que les fameuses «ornières» (voir p. 14). Admirez aussi les robustes fortifications.

Fat Lady, *hypogée de Hal Saflieni: des découvertes au halo mystérieux.*

Skorba, à Żebbiegh, est le plus ancien site habité de Malte, comme en témoignent un mur datant de 4000 av. J.-C., des restes de huttes, et deux temples mégalithiques.

On peut se rendre à Ħaġar Qim et à Mnajdra, situés à environ 13 kilomètres de La Valette, en passant par Żurrieq. Le site de **Ħaġar Qim,** qui domine la mer et, au large, l'île de Filfla, est grandiose. Vous y verrez une façade concave typique et un ensemble assez complexe de chambres intérieures. Mais l'originalité du temple vient surtout du matériau utilisé, le calcaire à globigérine.

Observez les autels, en particulier dans la seconde cour; ils se différencient les uns des autres par leur forme. Leur aspect et leur décor sont typiques des temples préhistoriques maltais. Dans la seconde abside, sur la droite, après l'entrée, un monolithe est percé d'un petit trou; on pense que l'oracle s'exprimait à travers cette ouverture. C'est dans ce temple que l'on a retrouvé l'une des célèbres statues de «femmes fortes». Appelée «vénus de Malte», cette figure de culte aux jambes énormes, en jupe et dépourvue de torse, est aujourd'hui exposée au Musée national.

A cinq minutes de là, en descendant vers la mer, **Mnajdra** est un site encore plus charmant. Cet ensemble de temples, contemporain de Ħaġar Qim, partage avec ce site plusieurs traits.

Rendez-vous maintenant à PAOLA, le faubourg ouvrier de La Valette, pour visiter le fameux **hypogée de Hal Saflieni.** Cet étrange monument, creusé dans un calcaire tendre, est un vaste labyrinthe souterrain. Les catacombes, creusées sur trois niveaux, atteignent une profondeur de 12 mètres. Elles furent découvertes fortuitement en 1902 par des ouvriers qui construisaient des maisons

et creusaient des citernes. Explorées par l'archéologue Thémistocle Zammit, elles constituent l'un des sites les plus captivants de Malte.

On pénètre par un escalier (moderne) en spirale dans des ténèbres de plus en plus profondes et humides. Le premier niveau, grossièrement creusé, serait le plus ancien (vers 3300 av. J.-C.). Les deux suivants, excavés avec plus de soin, sont à peu près contemporains des temples de Ggantija et de Tarxien (3200–2500). Le niveau intermédiaire comprend des parois concaves, des encorbellements, des portes et des niches à l'imitation des temples à ciel ouvert. On s'en rend bien compte dans la «Main Chamber» (chambre principale) et dans le «Holy of Holies» (Saint des Saints). L'«Oracle Chamber» (chambre de l'Oracle) est une autre salle impressionnante. On y voit un vide par où les hommes (et seulement eux, apparemment) peuvent produire un étrange écho. C'est dans le Saint des Saints qu'a été trouvée la statuette de la «Femme endormie», aujourd'hui au Musée national. Certaines chambres sont décorées de motifs en spirales ou en hexagones, rouges ou noirs, une fresque représenterait ur taureau. Dans une des niches latérales, à ce même niveau, on peut voir un trou de 2 mètres de profondeur, appelé «piège à serpents».

En bas d'un étroit escalier s'enfonçant jusqu'au dernier niveau, vous verrez des alcôves et des fosses, catacombes pratiquement immergées. L'ensemble de l'hypogée couvre une superficie d'environ 80 mètres carrés. On estime qu'il a contenu de 6000 à 7000 corps. C'est le monument le mieux conservé de l'ancienne Malte.

Les ruines des **temples de Tarxien**, situées à moins de 400 mètres de là, en plein soleil et au milieu d'un jardin, forment un joyeux contraste avec l'hypogée. Ces temples furent découverts par un agriculteur que de multiples pierres empêchaient de labourer. Thémistocle Zammit entreprit avec enthousiasme l'excavation de ce site entre 1915 et 1919.

Les trois temples furent édifiés à des époques différentes. Mais la période la plus florissante en matière de construction se situe entre 3200 et 2500 av. J.-C. La visite commence par une pièce dans laquelle sont exposées d'intéressantes pierres sculptées trouvées sur les lieux, un exemple de stratification et un plan du site. Ensuite vient un premier temple avec ses bas-reliefs (copies) pleins de vie: spirales, moutons, chèvres... On y voit une autre «vénus», dont les généreuses proportions laisseront rêveuses bien des femmes obsédées par leur ligne.

L'originalité du deuxième temple réside dans ses six niches ou absides ovales donnant sur le couloir principal, au lieu des quatre ou cinq habituelles. Vous verrez un âtre circulaire dont les flammes ont roussi les parois, sans doute par suite des crémations. A droite, une petite salle renferme des dalles incisées de motifs originaux et intéressants – des taureaux et une truie allaitant sa portée. Une partie du sol a été creusée pour dégager les lourdes pierres sphériques qui, telles des roulements à billes, servaient à déplacer les dalles.

La troisième construction est la plus ancienne, avec tout près, les vestiges d'un très vieux temple de la période de Ġgantija. Derrière, en sortant du site, vous verrez une énorme dalle présentant des cavités circulaires disposées de façon géométrique; il s'agissait peut-être d'un jeu ou d'un instrument de divination, à moins que ces cavités n'aient servi à des libations.

Gozo

Appelée l'«île de Calypso», parce que la célèbre sirène y aurait tenu Ulysse sous le charme pendant sept heureuses années, Gozo reste un lieu enchanteur. Les Maltais, eux, la nomment Għawdex (prononcer «HAO-dèche»).

Petite sœur de Malte, cette île d'environ 14 kilomètres de long sur 7 de large est peuplée de quelque 30 000 habitants. Si son histoire et son développement ont suivi ceux de Malte, elle possède cependant des traits originaux. Les autochtones, les Gozitains, sont fiers de leur terre.

Gozo est plus verdoyante que sa voisine. Elle présente un paysage de terrasses et de murets de pierre bien dessiné, parfois interrompu par de grosses buttes tabulaires dressées à l'horizon et parsemé de clochers pointant au-dessus de chaque village. Les Gozitains ont, en effet, la folie des églises. L'île n'en compte pas moins de trente, sans parler des chapelles. Partout, l'appel des cloches rythme la journée.

La vie semble n'avoir pas changé depuis des siècles, à Gozo, malgré l'apparition de la voiture. L'île vit essentiellement de l'agriculture (tomates, pommes de terre, melons, oranges et figues) et de la pêche. Ici, il est tout à fait commun de croiser des fermiers menant leurs troupeaux de chèvres ou conduisant une charrette à âne, ou de rencontrer de vieilles femmes occupées à des travaux de dentelle sur le pas de leur porte.

Les activités sont centrées sur Victoria, la «capitale», mais il y a beaucoup à voir ailleurs. Nombre de touristes essaient d'«avaler» Gozo en un jour, ce qui est bien dommage, car cette petite île réserve des merveilles au voyageur attentif. Outre de multiples églises baroques, elle peut s'enorgueillir des spectaculaires temples néolithiques de Ġgantija; elle offre aussi aux sportifs les plaisirs de superbes randonnées à pied et de la baignade sauvage. (La vie au bord de l'eau est magnifique et sans artifice. Ne cherchez pas ici de plages avec tous les aménagements modernes!). Gozo possède quelques hôtels de luxe, mais ses petits hôtels et restaurants sans façon ne manquent pas de charme.

L'île n'ayant pas d'aéroport, il faut, pour s'y rendre, prendre un ferry-boat à Malte, un bateau particulier ou bien participer à une excursion d'un jour à partir de Sliema.

Quelle que soit la route choisie depuis Sa Maison, près de La Valette, ou Cirkewwa, la courte traversée est exquise. On passe au large du rocher inhabité de Cominetto et de l'île de Comino (qui tire son nom de «cumin», abondant autrefois ici) avec sa tour de guet.

L'arrivée dans le port de Mġarr est un spectacle divertissant: une multitude de petites barques s'agitent sur l'eau; des collines surgissent plusieurs magnifiques beffrois. La grande flèche, sur la gauche, appartient à Our Lady of Lourdes (Notre-Dame-de-Lourdes), une église du XIXe siècle. Sur le promontoire, le fort Chambray, construit au milieu du XVIIIe siècle par un chevalier français, fut transformé en prison, puis en hôpital psychiatrique. De nos jours, on parle d'en faire un complexe touristique.

De la préhistoire, marquée par la construction des temples (ceux de Ġgantija partagent beaucoup de traits communs avec ceux de Tarxien), aux luttes contre les Turcs, de la domination britannique à l'indépendance, l'histoire des heurs et malheurs de Gozo fait écho à celle de Malte.

MÉDITERRANÉE

N

Reqqa Point

ekka Pt.

Zebbuġ

Marsalforn

Ghajn Barrani

Ramla Bay

San Blas Bay

Mistra Rocks

Ghammar

Grotte de Calypso

Dahlet Qorrot

Birbuba

Gharb

Ta' Pinu

Ninu's Cave

S. Blas Valley

jira

San Lawrenz

Citadelle

Xerri's Cave

Xaghra

Temples de Ġgantija

Nadur

nt

ngus

Rock

Dwejra Bay

Kerċem

VICTORIA

Qala

Qala Point

North Comino Channel

Xlendi

Xlendi Valley

Munxar

Xewkija

Mġarr

Port de Mġarr

247

Comino

Xlendi Bay

Sannati

Fort Chambray

Mellieħa Point

Cominotto

South Comino Channel

Fessej Rock

0 1 2 3 4 km

0 1 2 miles

GOZO

Marfa Point

Malte

Victoria

Si les Anglais continuent obstinément à donner au cœur palpitant de Gozo le nom qu'il reçut pour le jubilé de la reine Victoria en 1897, les Gozitains lui ont conservé son ancien nom arabe de Rabat. Cette ville, située à quelque 6 kilomètres de MĠARR, se distingue par sa citadelle accrochée à la falaise et visible à des lieues à la ronde.

Republic Street (ou Racecourse Street) en est la rue principale. Sur le côté gauche, les Rundle Gardens doivent leur nom à Sir Leslie Rundle, gouverneur de Malte de 1909

Confused? Well, let's imagine that the headline had read *Is this the best farm animal baa none?* Then the question mark would have been part of the quotation and you would have written:

"Is this the best farm animal baa none?" Clare asked.

Rule: Be clear in your mind what you are quoting – especially whether or not it includes a question mark or an exclamation mark – and position your quotation marks accordingly.

In exclamatory style

As I said earlier, questions and exclamations have their own markers – ? and ! respectively. They indicate the end of a sentence, taking the place of a full stop, and are followed by a capital letter.

A warning about exclamation marks: it's bad style to overuse them. They're fine with genuine exclamations:

Help!
Look out!
Ouch!

But they should be used sparingly in longer, non-exclamatory sentences. There's something rather breathless (not to say annoying) about:

She had arrived! At last! The weekend was going to be such fun!

Similarly, be wary of using an exclamation mark to show that you have made a joke. If it's funny, the reader will get it.

The sections on pages 103 and 104 referred to *direct speech* – when you are quoting someone's exact words. You don't use quotation marks in what is called *indirect* or *reported speech*. For example:

> *'I'm pleased to see you,' he said.* Direct speech, requiring quotation marks.

> *He told me that he was pleased to see me.* Indirect speech, no quotation marks.

Similarly:

> *'I've made up mind,' she insisted*, but *She insisted that she had made up her mind.*

> *'Please leave me alone,' she begged*, but *She begged us to leave her alone.*

Indirect or reported questions do not have a question mark at the end.

Why did he do that? is a direct question and requires a question mark.

I wonder why he did that is not a question – it is a statement, the main verb being *I wonder*. So it ends simply with a full stop.

The same applies if you are 'reporting' an exclamation:

> *'You mustn't do that!' she exclaimed*, but *She told me in no uncertain terms that I mustn't do that.*

The apostrophe – rule one

It causes more argument than you'd think was possible for a tiny stroke of the pen, but when you get down to it the apostrophe serves two simple purposes. Master them and you need never refer to 'the dreaded apostrophe' again.

First, an apostrophe shows that something is missing. Often the *o* in *not*, the *i* in *is*, the *a* in *are* or the *ha* in *have* or *had*:

> *I* wouldn't *do that if I were you.*
>
> *He* can't *play football because* he's *broken his leg.*
>
> They're *going to be late, so we* don't *have to wait for them.*
>
> We've *been waiting for ages; why* didn't *you tell us* you'd *missed the train?*

The trick here is to understand exactly what is missing. *Wouldn't* is short for *would not*, so it makes no sense to spell it *would'nt*. Similarly, *don't* is short for *do not*; spelling it *do'nt* makes it look as if it might be short for *doughnut*.

The apostrophe – rule two

The other main use of an apostrophe is to indicate possession. *Carol's book* is shorthand for *the book belonging to Carol*. *The boy's homework* is another way of saying *the homework belonging to the boy* or, if you prefer, *the homework the boy has to do*. Add an apostrophe and an *s* to the singular form of the noun.

With regular plurals ending in *s*, just add an apostrophe after the *s*:

The girls' phones
The dogs' dinners
The boats' sails

With a plural such as *men, women, children*, add an apostrophe followed by an *s*:

The men's enthusiasm
The women's indifference
The children's screeching
The oxen's lowing

The same applies if the noun's plural is the same as its singular:

The sheep's baaing
The deer's antlers

An important 'rule within a rule' here: the apostrophe comes *immediately after* the name of the person(s) or thing(s) doing the possessing. So, *the boys' homework* is the homework of two or more boys; *the boy's homework*, with the apostrophe after *boy* and before the *s*, is the homework to be done by a single boy.

It really is as simple as that.

Well, no, of course, it isn't, but grasping these two rules will take you a very long way.

Note that all this applies to nouns but *not* to pronouns.
With pronouns, an apostrophe is used only to indicate that something is missing. Remember this, because we'll come back to it in a few pages and it is responsible for one of the most common of all mistakes.

à 1915. Durant la fête du 15 août, ces jardins accueillent une charmante petite foire de campagne. A cette époque (et pour la Saint-Georges, le troisième dimanche de juillet), ont lieu de pittoresques courses de chevaux et d'ânes. On accourt de partout pour voir ses amis remonter Republic Street, qui en sulky, qui à dos de mule… et l'on rit beaucoup.

It-Tokk, au centre, est une charmante place ombragée au milieu de laquelle se dresse un

Notre-Dame-de-Lourdes domine le port de Mġarr. A gauche: les pulls de Gozo, toujours aussi réputés.

monument aux morts; elle est cernée de petites boutiques, de minuscules bars voûtés et d'une banque. Un côté de cette place est occupé par St. James' Church (église Saint-Jacques), du XVIIIe siècle, tandis qu'à l'ouest se dresse un bâtiment circulaire, construit en 1733 pour abriter la Banca Giuratala (municipalité); aujourd'hui, il est occupé par un bureau d'information.

À l'époque de la *festa,* It-Tokk, pavoisée de guirlandes et ornée de statues religieuses, explose de couleurs; «Judas» est placé comme il se doit, devant le bâtiment du Service des impôts. Cependant, le reste de l'année, la place n'en est pas moins, le matin, le siège d'une activité fébrile, avec son marché en plein air. En fin de journée, elle se remplit à nouveau à l'heure de la *passeggiata,* la promenade rituelle.

Pour le marché, les rues latérales se parent de somptueux étalages de poissons, fruits, légumes. Promenez-vous dans la **vieille ville** *(old town),* derrière It-Tokk, toute en ruelles bordées de belles maisons anciennes.

St. George's Church (église Saint-Georges), sur la place du même nom, bel exemple d'architecture baroque, présente des décors très riches.

Restaurée aux XIXe et XXe siècles (le nouveau toit est de style roman), l'église originelle est très ancienne. Après la peste de 1673, les Gozitains l'agrandirent et l'embellirent pour remercier Dieu de les avoir protégés. Au-dessus de l'autel, une remarquable **peinture** de Mattia Preti représente saint Georges, le pied victorieusement posé sur la tête du dragon.

La citadelle renferme en son cœur la **cathédrale** qui fut construite par Lorenzo Gafà entre 1697 et 1711. Derrière la façade de pierre, plutôt austère, et les deux énormes canons de bronze qui gardent l'entrée, on découvre un intérieur au décor baroque élaboré. La «coupole» en trompe-l'œil est l'œuvre d'Antonio Manuele. La véritable coupole ne fut jamais achevée. Ne manquez pas d'admirer le pavement de mosaïques polychromes qui recouvre les tombes des évêques et des prêtres, avec les armoiries et les devises latines de leurs familles.

A gauche de l'entrée se dresse une statue (un peu théâtrale) de la Vierge, toute de bleu vêtue, les yeux et les mains levés vers le ciel; cette œuvre contemporaine, que l'on promène par toute la ville le jour de l'Assomption, repose sur un lourd socle d'argent magnifiquement décoré.

Au fond, le Cathedral Museum renferme des collections de parements ecclésiaux, de vêtements sacerdotaux et de peintures sacrées.

Au sud de la cathédrale, le Bondi Palace abrite le **Gozo Museum of Archeology.** Cette demeure fut autrefois la propriété d'une grande famille locale. Parmi les objets exposés, vous admirerez des amphores de l'époque romaine, le tombeau (XIIᵉ siècle) d'une jeune fille arabe, portant une touchante inscription, et des fragments et reliques remontant à diverses périodes, notamment à la préhistoire. Ce musée d'archéologie, qui renferme aussi une maquette de Ġgantija et un grand symbole phallique, fournit un excellent prologue à la visite du site de Xaghra (voir p. 79). A l'étage, la magnifique statue romaine de femme, décapitée, date du 1ᵉʳ siècle av. J.-C.

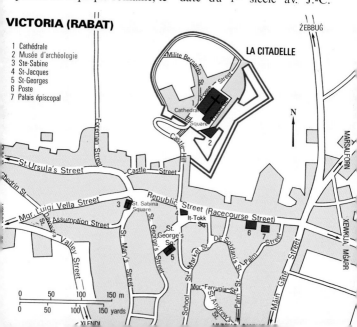

VICTORIA (RABAT)

1 Cathédrale
2 Musée d'archéologie
3 Ste-Sabine
4 St-Jacques
5 St-Georges
6 Poste
7 Palais épiscopal

LA CITADELLE

ŻEBBUĠ

MARSALFORN

XEWKIJA, MĠARR

Milite Bernardo Street

Grosse Street

Cathedral Square

Castle Hill

Foreman Street

St Ursula's Street

Castle Street

Mgr. Luigi Vella Street

St. Sabina Square

Republic Street (Racecourse Street)

It-Tokk Sq.

Assumption Street

Passage Valley Street

St. Mary's Street

St. George's Street

St. George's Sq.

De Soldani St.

St. Palm Street

St. Market St.

Main Gate Street

Mgr. Farrugia St.

School St.

St. Andrew's

Palm St.

0   50   100   150 m
0   50   100   150 yards

XLENDI

Pour atteindre les remparts de la citadelle, dont on fait le tour en 20 minutes, prenez les escaliers de l'autre côté de la cour de la cathédrale. On a, de là-haut, une **vue** merveilleuse sur toute l'île, ses maisons au toit plat bordant des routes tortueuses et ses collines coiffées pour la plupart d'une église. La citadelle et les remparts furent renforcés après la violente incursion turque de 1551 et les rapts qui suivirent. **76** Dragut, le pirate (voir p. 19), dont l'assaut contre Malte avait échoué, s'était attaqué aux Gozitains et en avait déporté de 6000 à 7000 pour les vendre comme esclaves. Gozo connut encore diverses invasions turques au XVIe siècle et, peu à peu, les maisons en pierre de la citadelle furent délaissées. Aujourd'hui, ces tristes ruines, abandonnées aux chèvres, semblent aussi désolées que Ġgantija; mais grâce à des fonds de l'Unesco, elles seront bientôt relevées.

Des remparts de la citadelle, on jouit d'une vue splendide sur l'île.

🏛 Les temples de Ġgantija

Pour atteindre ce site, prenez la route de Xagħra. Avant l'entrée du bourg, sur la droite, se dresse l'ensemble mégalithique le plus impressionnant de l'archipel.

Les temples de Ġgantija furent dégagés à différentes époques, entre 1827 et 1953. Ils sont tous deux exposés au sud-est, comme la plupart des monuments préhistoriques de Malte.

Le plus grand et le plus ancien date de 3600–3300 environ, période que l'on appelle «âge du cuivre». La façade, typique de ce genre d'édifice, est légèrement concave. A l'entrée, flanquée de deux pierres orthostatiques (c'est-à-dire dressées), sont exposées une grosse dalle et une pierre creuse que les adorateurs utilisaient peut-être pour se laver les pieds. La partie gauche de la façade est faite de gros blocs de calcaire corallien, s'élevant à une hauteur d'environ 6 mètres. C'est là qu'on mesure vraiment la signification de ce nom de Ġgantija (tour des Géants); selon la légende, ces temples furent bâtis par un monstre féminin ou quelques colosses…

Les murs intérieurs et la décoration sont en calcaire à globigérine, plus tendre. Les absides lobées (il y en a cinq) renferment plusieurs éléments remarquables: trous à sacrifices, orifice «oraculaire» (à droite) et pierres sculptées aux motifs classiques en volutes. Dans la seconde abside sur la droite, vous verrez un foyer, probablement utilisé pour entretenir une «flamme éternelle». La seconde abside sur **77**

la gauche présente d'impressionnants autels en forme de niche.

Sur un des blocs de pierre reposait autrefois l'énorme symbole phallique exposé au musée de Gozo. Les deux absides latérales et celle du fond, le Saint des Saints, devaient être réservées aux prêtres. L'abside du fond, dont les parois sont extrêmement hautes – environ 6 mètres –, a la forme d'une demi-coupole. L'autel, qui comporte deux orifices, peut-être pour l'écoulement du sang des animaux sacrifiés, est constitué de trois blocs ornés de piquetages, décoration typique de cette période.

Le temple le plus petit et le plus simple est aussi le moins intéressant. Il ne reste pas grand-chose de l'abside principale et de son autel. Mais les murs extérieurs, qui révèlent le talent de ces bâtisseurs primitifs, sont formés d'énormes blocs de calcaire corallien (certains, de 5 mètres de long, pèsent jusqu'à 50 tonnes), disposés à la verticale et à l'horizontale. On reste perplexe devant l'exploit technique que représentait l'érection de ces dalles.

Les temples de Ġgantija ou un voyage dans la préhistoire de Gozo. **79**

Villes et villages

Xaghra, située au nord-ouest de Ggantija, fut habitée dès les temps préhistoriques. C'est une charmante petite ville dont l'**église** rouge «baroque» (du XIXe siècle) présente un décor exubérant. Des panneaux signalent deux grottes, Xerri's Cave et Ninu's Cave, qui méritent une brève visite guidée.

A l'extrémité nord-est du plateau de Xaghra, d'où l'on découvre un superbe panorama sur Ramla Bay, à droite, se trouve **Calypso's Cave** (grotte de Calypso), où Ulysse se serait laissé séduire par la nymphe. Mais arrivé au pied de l'étroit escalier, on se demande ce qu'ils pouvaient bien trouver à ce trou singulièrement banal et obscur!

Xewkija est située presqu'à mi-chemin de la grand-route reliant Victoria à Mgarr. Cette ville de 3500 habitants, sans beauté particulière, possède cependant une extraordinaire **église** en calcaire à globigérine doré, de style classique, commencée en 1952 et terminée après trente ans de travaux. C'est une véritable prouesse gozitaine, due au travail et aux dons pieux des citadins. La **coupole** est plus ample que celle de Mosta, à Malte; c'est la troisième ou la quatrième du monde (diamètre intérieur: 24 m; hauteur: 75 m).

Xlendi, à quelque 3 kilomètres au sud-ouest de Victoria, est un charmant site naturel qui mérite un détour. Sur la petite route qui y mène, vous découvrirez, sur la gauche, dans un paysage pastoral vallonné, un lavoir monumental, orné des armes de l'ordre, et, dans un virage à droite, un centre de tissage. Xlendi est magnifiquement située «au débouché» d'un *wied* (oued).

Les maisons aux teintes pastel sont agglutinées au fond d'une longue crique étroite, cernée par deux hauts éperons rocheux. (Le littoral bordant le cap de gauche est un lieu de baignade privilégié. Le cap de droite, avec ses rocailles et ses fleurs sauvages, est apprécié des marcheurs.) Avec ses hôtels, cafés et restaurants, Xlendi est un but d'excursion très recherché. Les touristes adorent ses boutiques de dentelles, tissages et autres spécialités locales.

De Victoria, vous pouvez aussi vous rendre à **Sannat,** petite ville réputée pour ses dentelles. A proximité, discrètement dissimulé dans la campagne, le Ta'Ċenċ, seul hôtel de luxe de l'île, est construit en pierre du pays. Il est situé près d'un énorme réservoir d'eau, de construction récente, bien utile aux localités environnantes. Pas loin, on peut voir un site d'«ornières» préhistoriques (voir p. 14).

Dans un décor rude, Xlendi propose toutes sortes de passe-temps.

A environ 4 kilomètres au nord-est de Victoria – d'où partent toutes les routes de l'île –, se trouve Marsalforn. En chemin, on découvre plusieurs moulins à vent et, à gauche, sur une éminence, une statue du Christ.

Autrefois paisible village de pêcheurs, **Marsalforn** est de-

venu une station balnéaire très fréquentée; la langue de sable et les récifs, en particulier, regorgent d'estivants.

Une route à travers un paysage accidenté relie Marsalforn à ŻEBBUĠ, dont le charme réside dans de beaux points de vue (on peut aussi s'y rendre de Victoria par une route plus importante). Vous verrez là une curiosité due à l'imagination d'un particulier. Demandez la maison de Sebastian Axiak. C'était un fermier qui s'adonna à la sculpture et fabriqua un grandiose **diorama;** il est mort depuis des années, mais ses descendants sont fiers de montrer son œuvre, séduisant pot-pourri de traditions chrétiennes, de scènes villageoises et de... clochers du monde entier.

A l'ouest de Victoria s'étend la région la plus sauvage et, pour certains, la plus belle de Gozo. Elle s'appelait autrefois «le désert» et fut peuplée plus tardivement que les autres.

Sur une petite route, entre GĦAMMAR ET GĦARB, **Ta'Pinu** (1920–1936) est une singulière église néo-romane dont l'intérêt vient de tous les miracles qui lui sont associés. Ce site était autrefois occupé par une chapelle (1534) en ruine, à laquelle s'était attaché un certain Gauci, homme pieux sur-

nommé «Pinu». Le 22 juin 1883, une paysanne, Carmela Grima, perçut une voix mystérieuse la pressant de dire trois Avé. Elle entendit la même voix à plusieurs reprises, et un de ses amis, Francesco Portelli, déclara l'avoir également entendue. Tous deux prièrent pour la mère de celui-ci, alors gravement malade et qui guérit miraculeusement; dès lors, les miracles se multiplièrent. Ta'Pinu demeure un sanctuaire et lieu de pèlerinage.

Le chemin qui court en face de l'église est ponctué de statues de marbre marquant les stations de la Croix.

A proximité, en bordure de Għarb, un petit musée original renferme des objets et des dioramas fabriqués par les pieux Carmela et Francesco. Pour le visiter, s'adresser au curé.

Għarb est le parfait petit village gozitain, fier de sa belle église baroque sur sa grande place. Avec ses maisons aux façades pastel, sa petite boutique et ses dentellières au travail, l'endroit jouit d'une atmosphère aussi paisible qu'irréelle. Début juillet, à l'occasion de la *festa,* la place est magnifiquement décorée.

A la sortie de Għarb, en direction de Victoria, prenez la petite route qui traverse SAN LAWRENZ, puis descendez sur la gauche jusqu'à **Dwejra,** à 1,5 kilomètre; vous jouirez là d'une vue grandiose et d'une eau de mer délicieuse. Vous remarquerez, au large, le Fungus Rock, affleurement ainsi appelé à cause du champignon qui y pousse et que les chevaliers recherchaient pour ses vertus curatives et hémostatiques. La Qawra Tower (tour de Qawra), construite en 1651, domine la baie. Juste au-delà sur la gauche, une petite chapelle est plantée sur un fantastique éperon rocheux, percé d'une ouverture naturelle. Suivez la route escarpée, à droite, qui mène à l'**Inland Sea** (mer intérieure); ce tranquille petit lac salé communique avec la mer par une sorte de tunnel que l'on peut franchir à la nage (en un quart d'heure) ou en bateau de pêche. Il n'existe ici aucune installation touristique, mais, en été, la hutte d'un pêcheur bienveillant fait office de «bar».

Nadur, situé à près de 6 kilomètres à l'est de Victoria, est, avec ses 4300 habitants, la deuxième ville de Gozo et la plus riche. Les gens sont fiers de leur **église** paroissiale au décor raffiné et opulent. Construite au XVIIIᵉ siècle par G. Bonnici, elle a été restaurée au siècle dernier. La ville est relativement élevée

(150 m environ au-dessus du niveau de la mer), ce qui explique son nom, qui signifie «sommet» en arabe.

Si vous rêvez de baignades au bord de rochers isolés dans un cadre admirable, prenez le petit chemin coupé d'ornières au nord de Nadur, puis descendez à pied par des orangeraies jusqu'à **San Blas.** Une autre route conduit à **Ramla Bay,** à quelque 3 kilomètres, où s'étire la grande plage de sable doré de Gozo. L'été, un petit bar vend des boissons. Au nord de Ramla, GHAJN BARRANI est plus difficile d'accès. Il faut prendre un chemin jusqu'au sommet de la falaise, puis descendre à pied jusqu'à la mer; le paysage est très beau.

QALA est un simple bourg dont le moulin à vent est le seul à fonctionner encore à Gozo. Plus loin se succèdent de délicieuses petites anses.

Comme à Malte, toutes les curiosités de Gozo font l'objet d'excursions. Si vous séjournez dans l'île, vous pourrez louer un bateau pour une promenade d'une demi-journée autour de Gozo et de COMINO, avec leurs magnifiques caps et affleurements rocheux; vous pourrez aussi, si vous le désirez, vous délasser dans les eaux limpides du célèbre Blue Lagoon (lagon bleu). **83**

Que faire

Les sports

Son climat bienfaisant vaut à Malte d'être, pratiquement toute l'année, un paradis des sports en plein air. Si les sports nautiques l'emportent, comme il se doit sur un archipel, les randonnées autour des caps rocheux et des sites archéologiques sont un merveilleux moyen de connaître le pays.

Natation

L'accès à la mer est libre partout à l'exception de quelques plages privées où, pour un prix raisonnable, on peut louer un matelas ou une chaise longue et apprécier les agréments d'un bar ou d'un restaurant. Il y a une douzaine de petites plages de sable sur Malte, un peu moins sur Gozo. Sur la grande île, les plus agréables sont Golden Bay Għajn Tuffieħa, Ġnejna Bay, Paradise Bay et Mellieħa Bay. A Gozo, c'est Ramla Bay qui offre la plus grande étendue de sable. San Blas Bay, plus petite, est d'un accès moins facile.

Mais le spectacle sous-marin et le paysage sont parfois plus beaux dans les criques **84** rocheuses et là, du moins, le sable ne s'incrustera pas dans votre sandwich! Les criques les plus intéressantes sont Peter's Pool, Għar Lapsi Pool, St. Paul's Bay et Marsaskala. Pour prendre un bain de soleil, allez vous étendre sur les rochers plats de Sliema. A Gozo, les plages rocheuses les plus séduisantes sont Xlendi (il y a quelquefois aussi du sable), Inland Sea (Dwejra), Marsalforn, Mġarr ix-Xini, Daħlet Qorrot et Qala (près des installations de dessalage).

Ski nautique et «planche»
On peut en faire à St. Paul's Bay, à Mellieħa, à Sliema, à Salina Bay, à St. George's Bay et à Golden Bay. Pour la planche à voile, rendez-vous sur la côte nord, aux baies particulièrement abritées.

Plongée sous-marine
On la pratique partout... Des cours de plongée autonome sont assurés à St. Julian's, à St. Paul's Bay et à Mellieħa Bay. Pour obtenir le permis requis, adressez-vous au service local de la Santé. Vous obtiendrez toutes informations utiles auprès du centre de plongée. Vous pourrez également participer à des expéditions de plongée d'un jour autour de Gozo et de Comino.

Cabotage et voile
A Malte, on peut louer toutes sortes d'embarcations, du simple youyou au yacht de luxe. Vous obtiendrez tous les renseignements nécessaires

sur les aménagements portuaires, les ateliers de réparations et les compagnies de location auprès du Malta Yachting Centre, Manoel Island Bridge, Gżira. Pour les tarifs de location, voir p. 105. Le Valletta Yacht Club, sur Manoel Island, accepte des membres à titre temporaire.

Pêche

Elle est libre et aucun permis n'est requis. Si vous voulez sortir de bon matin avec un pêcheur, allez du côté de Marsaxlokk Bay ou dans le port de Mġarr, à Gozo. Certains sont ravis de prendre un passager pour une somme modique ou même à titre gracieux.

Le Marsa Sports Club

Ce centre est le plus important de l'île pour les sports «de terre»: golf, tennis, squash, billard, équitation et cricket. Il est situé à Marsa, à 4 kilomètres au sud de La Valette, sur la route de l'aéroport de Luqa.

Son club moderne, parfaitement équipé, avec bar et restaurant, comprend une bonne dizaine de courts de tennis, un terrain de golf à 18 trous et un court de squash. On peut également pratiquer l'équitation et le polo à Marsa, où ont aussi lieu des courses de chevaux.

Spectacles sportifs

Les Maltais ont la passion du **football**. Les grands matches organisés par la Malta Football Association se déroulent au stade national de Ta'Qali (Mdina) d'octobre à juin. Il existe aussi un stade à Marsa.

L'Amateur Swimming Association organise des rencontres de **water-polo** sur toute l'île de Malte. Il faut se renseigner à l'office du tourisme.

Autres sports

Msida (Enrico Mizzi Street) possède un grand centre de bowling, ouvert de 10 h à 13 h tous les jours. Le tir à l'arc, le ping-pong et le badminton se pratiquent également au Marsa Sports Club.

Les «sports d'eau» sont très largement pratiqués dans tout l'archipel et chacun y trouve son compte.

Les achats

Il n'existe que peu de grands magasins à Malte et vous ferez certainement la plupart de vos achats dans les boutiques spécialisées ou aux étalages en plein air. Les prix, raisonnables dans l'ensemble, sont marqués; ici, le marchandage n'est pas dans les mœurs. Pour les horaires des magasins, voir la rubrique HEURES D'OUVERTURE, pp. 112–113.

Les bonnes affaires

Malte et Gozo sont une mine pour tous les amateurs d'argent, de verrerie, céramique, cotonnades, lainages inusables, gants tissés et dentelle. A la sortie de Mdina, Ta'Qali est un centre artisanal où l'on peut suivre le processus de fabrication et acheter le produit fini à un prix intéressant. La verrerie soufflée de Mdina présente des formes et des coloris marbrés charmants: mélanges subtils de bleu turquoise et de vert bouteille, harmonie de bruns. Les souffleurs inventent toutes sortes d'objets, des poissons décoratifs de forme carrée ou triangulaire aux coupes et aux vases... «Ming».

Les objets en argent filigrané exécutés à Ta'Qali revêtent divers aspects: croix de Malte (évidemment), bagues, bracelets, boîtes à cigarettes et chandeliers.

La poterie et la céramique sont rustiques et d'excellente qualité; on trouve notamment des vases flammés bleus et bruns, des cendriers, des assiettes de toutes dimensions, et bien d'autres articles qui feraient un charmant effet dans un cadre campagnard. Un autre atelier travaille la «pierre de Malte» (sorte de calcite rubanée) et produit serre-livres, cendriers, etc.

La Valette possède également un centre d'artisanat, en face de la cathédrale, sur St. John Square. D'autres boutiques vendent aussi les articles énumérés plus haut, en particulier l'éblouissant argent de Malte, qui a la réputation d'être le plus pur du monde. L'or est relativement avantageux si l'on achète de petits objets ou des bijoux.

Les activités liées au tissage, au tricot et à la dentelle sont toujours florissantes à Gozo (on en trouve parfois à Malte). Dentelles et lainages sont particulièrement abordables. La délicate dentelle orne mouchoirs, napperons, sets de table, serviettes et nappes de

Le marché est source de mille et une occasions ... il suffit d'observer.

toile, de couleur écrue; l'effet en est charmant. Les châles triangulaires en tricot à mailles lâches sont peu chers et bien agréables à porter par les soirées fraîches. Vous serez peut-être tenté par un chandail de Gozo – soit un pull marin pratique, soit un cardigan à ceinture et à col châle, en général blanc ou écru. Les qualités de laine varient du très doux genre angora au rustique un peu rugueux. A Gozo, les meilleures boutiques sont à Victoria (It-Tokk), à Xlendi, à Marsalforn et dans les centres artisanaux de la citadelle (Gozo) et de Ta'Dbiegi à San Lawrenz.

Les vêtements de coton constituent également un bon achat: bikinis, jolis torchons ou amusants sous-vêtements pour dames, beaux T-shirts et jeans (fabriqués à Gozo).

Naturellement, vous bénéficierez partout d'un grand choix de cartes postales en couleurs et pourrez acquérir les habituels «souvenirs» tels que cendriers, drapeaux, etc., décorés de scènes et de vues variées: bateaux *(luzzu ou dghajsa)*, fortifications et tours de guet des chevaliers, croix de Malte et armures. Les articles en fer forgé et les heurtoirs en cuivre en forme **90** de dauphin font florès!

Les fêtes

Pour les Maltais, toute occasion est bonne pour se réjouir. Heureusement que les fêtes religieuses abondent tout au long de l'année! Chaque paroisse (64 sur Malte et 14 sur Gozo), en effet, rend hommage à son saint patron par une joyeuse *festa*. Si la date de la célébration varie, cette *festa* a en général lieu le week-end qui suit le jour de la fête du saint.

La plupart des **festi** se déroulent pendant l'été. Elles sont d'ordinaire précédées de trois jours de prières. Les églises sont alors décorées de

National Tourist Organization - Malta

fleurs, d'énormes candélabres en argent et parfois de tentures de soie rouge damassées. A l'extérieur, la façade est ornée de guirlandes de lumières. La veille de la fête, au cours de l'office, on retire les saintes reliques de la chapelle latérale pour les placer sur le maître-autel. Le jour même, une messe d'actions de grâce est dite le matin. Maintes fanfares défilent à travers la ville, tandis que la statue du saint est portée en procession; puis une foule joyeuse se rend au bal et assiste au feu d'artifice. Le samedi soir en général, un concert a lieu sur la grande place, suivi d'un nouveau feu

d'artifice, souvent très beau. L'office du tourisme sera généralement à même de vous fournir la liste complète des *festi*.

La célébration de Noël et de Pâques est aussi l'occasion de faire bonne chère (la *figolla* est le gâteau pascal traditionnel), et de manifester gaîté et bonne humeur. Le Vendredi saint est marqué par des processions.

La **Fête de la Liberté** se déroule le 31 mars. A La Valette et à Vittoriosa, c'est l'occasion de défilés, de feux d'artifice et de joutes sportives.

Le **carnaval**, évidemment joyeux, est célébré avant le

Carême, en général à fin février. Le coup d'envoi est toujours donné par la danse de l'épée, ou *parata,* qui commémore la victoire de 1565 sur les Turcs. C'est au XVIIIe siècle que le carnaval connut son apogée, lorsque les chevaliers défilaient en grand équipage au son des tambours et des feux d'artifice.

Le jour de la **Commémoration du 7 juin 1919** est celui de la fête nationale; il est bientôt suivi de l'**Imnarja,** un festival folklorique qui se tient lors de la fête de St-Pierre et St-Paul, soit le 29 juin, dans les Buskett Gardens.

Le 8 septembre, la fête de **Notre-Dame des Victoires** commémore la victoire des deux grands sièges avec une régate dans le grand port. Des rameurs musclés luttent avec acharnement dans un tumulte d'acclamations et de sirènes (le tour des marins arrive avec les Autumn Races – courses d'automne –, qui ont lieu au courant du mois d'octobre). Fin septembre, soit le 21 du mois, on célèbre sur toute l'île le **Jour de l'Indépendance.**

Le 13 décembre, **Republic Day** (fête de la République) est célébré, en particulier à Vittoriosa, par des défilés, de la musique et des feux d'artifice.

La vie nocturne

La vie nocturne se limite aux principales stations – Sliema, St. Julian, Bugigga/Qawra –, toutes très animées. Elle est concentrée autour d'une poignée de discothèques, de bars et de pubs qui organisent des spectacles.

Théâtre et concerts

Au théâtre Manoel de La Valette, on peut assister à des spectacles de ballet et à des concerts proposés par le Manoel Symphony Orchestra ou par des orchestres internationaux en tournée; ces manifestations ont lieu toute l'année, à l'exception des mois les plus chauds. Des compagnies théâtrales d'amateurs y jouent parfois; en été, des pièces de Shakespeare sont quelquefois données dans les San Anton Gardens. *What's On* vous indiquera le programme des festivités.

Dans les deux grands théâtres de Gozo, richement décorés, pièces et opéras sont à l'affiche tout l'hiver.

Cinéma

La Valette et Sliema comptent un grand nombre de cinémas et certains villages ont leur salle. Généralement, ce sont les films à grand spectacle qui

sont proposés, la plupart en anglais, certains en italien. Les heures des séances varient.

Gozo ne possède que quelques cinémas, à Victoria; cependant, chacun d'entre eux projette chaque jour un film différent, et cela toute l'année, juillet et août exceptés.

Danse

Certains grands hôtels proposent des dîners dansants avec orchestre. Quelques restaurants ont au programme: barbecue, musique et danses folkloriques. Par ailleurs, vous aurez le choix entre une grande variété de sorties organisées, «Malta by night», soirées folkloriques, «banquets médiévaux» et autres expéditions nocturnes.

Les boîtes de nuit sont aussi animées qu'ailleurs. Plusieurs sont implantées à Malte – à Sliema et à St. Julian's plus particulièrement –, et quelques-unes à Gozo. Certaines sont en partie ou même complètement en plein air. Mais pour préserver la qualité de la vie des habitants, les boîtes ferment à minuit. Que les noctambules se rassurent cependant: quelques clubs restent ouverts plus tard.

Casino

Le casino moderne de Malte, situé à Dragonara Point, St. George's Bay, attire en nombre les joueurs occasionnels comme les enragés. Pour vous y rendre, munissez-vous de votre passeport. L'heure d'ouverture est fixée à 20 heures (en revanche, celle de la fermeture varie en fonction de l'animation). **93**

Les plaisirs de la table

La meilleure cuisine maltaise offre les généreux parfums et les chaudes couleurs de la Méditerranée. L'ail, l'huile d'olive et les plantes aromatiques y jouent un rôle capital. Malgré l'influence indubitable qu'ont exercé sur la gastronomie locale les Britanniques avec leurs rôtis et leurs *fish and chips,* et les Italiens avec leurs pâtes et leurs sauces, il existe une authentique cuisine maltaise dont vous découvrirez quelques spécialités en lisant avec attention la carte des restaurants.

Malte et Gozo ont fait un gros effort en ce qui concerne la table. On peut y manger très agréablement pour un prix raisonnable, notamment des mets simples comme les *fettucini* frais ou l'espadon grillé au citron. Le pain maltais, à la croûte brune, est un vrai régal. En revanche, le petit pain qui passe pour être français est à éviter, tant il est insipide.

Le choix des établissements est vaste, de la «gargote» éclairée au néon (où l'on mange pour trois fois rien), au grand restaurant en terrasse, au bord de la mer ou au milieu d'un jardin, où le dîner est servi aux chandelles par un personnel stylé. Les restaurants sont classés en quatre catégories, les prix variant en conséquence. Les heures d'ouverture n'ont rien d'extravagant: déjeuner de midi à 14 h ou 14 h 30 et dîner de 19 à 22 heures.

Le matin, vous aurez le choix entre un petit déjeuner continental et un *breakfast* à l'anglaise (avec saucisse, œufs au bacon).

Les antipasti
Les Maltais désignent généralement ainsi les entrées ou hors-d'œuvre qui se composent notamment de: saucisse pimentée locale, jambon de Parme *(prosciutto)* au melon, olives noires ou vertes, assortiment de crudités, cocktail de crevettes ou saumon fumé.

Les soupes et les pâtes
La soupe la plus fréquemment proposée est la *minestra,* copieux potage de légumes, plus épais que la version italienne *(minestrone),* qui réunit oignons, pommes de terre, haricots blancs ou verts, chou, courgettes *(zucchini),* citrouille, tomates (fraîches ou en purée) et pâtes. C'est un véritable plat de résistance. Au cas où la soupe de poisson

est inscrite au menu, goûtez-la, surtout si vous aimez la cuisine relevée. La soupe de tomates fraîches est excellente, ainsi que les consommés.

Les pâtes, que les Maltais apprécient beaucoup, sont variées et délicieuses. La *timpana* (que l'on rencontre plutôt chez les particuliers) est un plat typiquement maltais auquel aucun régime ne saurait résister: c'est une tourte aux macaroni, avec viande hachée, oignons, purée de tomates, aubergines, œufs et fromage. Les snacks en proposent parfois une version simplifiée.

Si vous êtes amateur de cuisine italienne, vous serez presque aussi heureux qu'à Naples; dans beaucoup de restaurants, en effet, la carte ne comporte pratiquement que des plats italiens.

Les pâtes sont toutes à l'honneur: *tortellini al sugo Bolognese* (pâtes fourrées de viande, accompagnées d'une sauce tomate à la viande); *tagliatelli alla crema* (nouilles plates à la crème); *vermicelli alle vongole* (vermicelles aux palourdes). Le *ravjul* maltais consiste en ravioli farcis de *ricotta*. Beaucoup de restaurants servent un délicieux *risotto*, garni de divers légumes et fruits de mer.

Poissons et coquillages

Le poisson étant roi à Malte, on le traite avec égards; le cuisinier cherchera davantage à mettre en valeur son fumet qu'à le dissimuler sous des sauces exotiques savantes. Le *lampuka* (daurade), poisson national, est pêché de la fin août à novembre. Il apparaîtra sur votre table soit grillé, soit préparé au court-bouillon et relevé d'une sauce piquante; il peut encore être présenté enfoui dans de la pâte *(torta tal-lampuki)*, à moins qu'il ne représente l'élément essentiel d'une tarte qu'il garnira avec des oignons, des tomates, du chou-fleur, des épinards et, parfois, des noix et de l'huile d'olive.

Les poulpes, les calmars *(calamari)* et les seiches sont souvent servis froids en salade, en ragoût parfumé au curry ou farcis.

Les poissons frais les plus répandus sont l'espadon, le muge ou *merluzzo*, le thon *(tonn)*, le dentex *(dentici)*, le mérou *(cerna)*, grillés ou frits. Ce dernier peut aussi être cuit à la vapeur et servi arrosé de beurre fondu, ou accompagné d'une sauce piquante. L'expression *alla Maltese* signifie que le poisson baigne dans une sauce à la tomate et aux poivrons. Les *scampi* sont très

populaires et, comme partout dans le monde, le homard, s'il est très apprécié, en est d'autant plus cher.

Les viandes

La plupart des restaurants proposent des spécialités internationales, comme le filet de bœuf sauce béarnaise. Mais il est préférable de goûter aux recettes typiquement maltaises: les *braġoli*, par exemple, sont des paupiettes de bœuf farcies de bacon, de mie de pain, d'œuf dur, de persil et d'une pointe d'ail, qui ont mijoté dans une sauce au vin.

Dans les familles maltaises, le bœuf et l'agneau sont généralement cuits à la cocotte avec des pommes de terre et des oignons. Le «bœuf rôti à la maltaise» proposé au restaurant est préparé de cette façon. La plupart des spécialités de viande locales n'apparaissent pas sur la carte: porc braisé, langue de bœuf au vin, boulettes de ris de veau (ou d'agneau) ou de cervelle fricassées.

Le bœuf et le veau sont souvent préparés à l'italienne: le *filetto alla Meranese,* par

Au restaurant, l'atmosphère chaleureuse favorise les contacts...

exemple, est du filet de bœuf enroulé dans du bacon, nappé d'une sauce brune exquise. Le *vitello alla Marsala* est une escalope de veau accompagnée d'une sauce au Marsala. On trouve également des escalopes de veau panées.

Le gigot et les côtelettes d'agneau sont très répandus. Parfois, l'agneau est servi en brochettes.

Le porc de Malte était réputé pour sa chair et sa saveur, mais, en 1979, une maladie a frappé les troupeaux et il a fallu tuer tous les cochons. Cependant, on en élève de nouveau à Comino, et le porc reparaît sur les tables maltaises.

Fenek (*coniglio* en italien) veut dire lapin. C'est une viande très prisée que proposent parfois les restaurants – sauté, cuit en ragoût ou fricassé dans du vin et de l'ail, à l'indienne ou encore en tourte (*torta tal-fenek*), préparation délicieuse avec du porc, des petits pois, des tomates et des épices.

Le poulet fermier est un véritable régal, qu'il soit rôti, préparé *alla diavola* («à la diable», soit grillé avec échalotes, moutarde et panure) ou parfois même *à la Kiev* (les blancs sont alors cuits dans un mélange de beurre et de fines herbes qui sert de sauce).

Les légumes

Aussi forte que soit la sécheresse, on trouve toujours de bons légumes frais. Les pommes de terre frites, sautées ou cuites au four, sont délicieuses. Quant aux pommes de terre nouvelles au beurre, c'est un délice. Vous pourrez manger d'excellentes salades composées et parfois des épinards à la crème ou des haricots au beurre (*fagioli*). Essayez aussi les aubergines frites ou farcies à la *ricotta,* les courgettes, les tomates et les poivrons farcis.

Fromages et desserts

Beaucoup de restaurants proposent un assortiment d'excellents fromages italiens – parmesan, *ricotta,* gorgonzola, bel paese – et d'autres spécialités étrangères comme le gruyère, le cheddar et même le roquefort. Vous trouverez aussi une délicieuse spécialité locale, un fromage de brebis sec, piqué de grains de poivre. A la campagne, il en existe une autre variété, vieillie dans la saumure avec des câpres. Le fromage de brebis du pays le plus répandu est le *ġbejna.*

A Malte, les fruits font des desserts délectables: figues fraîches, prunes et pêches juteuses et sucrées. L'hiver apporte de merveilleuses mandarines et oranges. Selon la saison, fraises, melons et mûres raviront les gourmets. Et si vous ne craignez pas les pépins, laissez-vous tenter par l'insolite figue de Barbarie.

Les Maltais, qui raffolent de sucreries, se laissent tenter par toutes sortes de glaces. Les *semi-freddo,* par exemple, délicieux gâteaux glacés à la crème.

Au restaurant, les desserts généralement proposés sont: la *torta* (gâteau au chocolat, aux amandes, aux fruits, etc.) et diverses tartes aux fruits. La *ricotta* parfume parfois les flans au fromage frais et aux fruits. Mélangée avec du chocolat, des cerises, des amandes et du sucre, elle sert à garnir de petits cornets appelés *kannoli tar-rikotta.*

Les fêtes ont leurs gâteaux attitrés. A Pâques, ce sont les *figolli,* délicieux biscuits glacés aux amandes et au citron, de formes variées. Mais toute l'année, les boutiques regorgent de gâteaux glacés; les plus savoureux sont les petites couronnes au sésame ou à la mélasse et les macarons. La *prinjolata,* confiserie très répandue à l'époque du carnaval, se compose de biscuits à la cuiller, de crème au beurre, d'amandes et de pignons, le tout décoré de chocolat et de cerises.

Les snacks

Beaucoup de petits bars servent des friands ou *pastizzi,* des feuilletés farcis de *ricotta,* de petits pois et d'oignons ou d'anchois. Sans compter toute une gamme de sandwiches au poulet, au jambon, au fromage, etc.

Pour votre pique-nique, fourrez deux grosses tranches de pain local d'olives, de tomates, d'oignons, d'anchois, d'œufs durs, de thon, et arrosez généreusement le tout d'huile d'olive.

Boissons et vins

Les jus de fruits frais sont excellents: pêche, abricot, poire ou bien cocktails exotiques... La *Kinnie,* boisson locale, est rafraîchissante quoique d'un goût sucré étrange qui ne convient pas à tout le monde. On vous servira presque partout whiskies et gin-tonic. Si vous préférez la bière, il en existe divers types; la blonde locale, *Farson's Cisk* («tchisk»), est bonne et bon marché.

Vous pourrez commander les meilleurs vins étrangers, mais l'archipel produit quelques crus modestes et plaisants. N'en abusez pas, car ils sont très alcoolisés!

Les rouges sont plutôt lourds et parfois un peu verts. Il faut les boire très frais. Les

98

blancs forment un juste équilibre entre les vins secs et fruités. Bien frappés, ils sont rafraîchissants. Les principaux crus (rouges et blancs) sont: le *Marsovin Special Reserve*, le *Lachryma Vitis,* le *Farmers* et le *Festa.*

Le rouge jugé le meilleur est le *La Valette.* Et si vous désirez boire un blanc très doux, choisissez le *Marsovin Sauterne.*

Gozo produit également des vins très honnêtes, comme le *Velson's,* rouge ou blanc. Les *Ġgantija* (rouges et blancs) sont doux, très alcoolisés et rendent excitable, dit-on, le non-Gozitain qui en boit trop.

Décidément, la vendange est prometteuse! Certes, les vins du terroir sont sans prétention, mais ils se révèlent pleins de corps et capiteux.

Pour vous aider à lire le menu...

...Cette liste donne un choix des mots (maltais, italiens et anglais)
que vous pourrez rencontrer sur les cartes au restaurant.

abbachio, agnello, lamb	agneau
aċċola, amberjack	sériole (poisson)
aglio, garlic	ail
anitra, duck	canard
antipasto, starter (appetizer)	hors-d'œuvre
asparagi, asparagus	asperges
astice, lobster	homard
bistecca	bifteck
(alla boscaiola, with	(avec sauce au vin et
wine-mushroom sauce)	aux champignons)
braġoli, bragioli, beef olive	paupiette
brodu	consommé
calamari, squid	calmars
carciofi, qaqoċċ, artichoke	artichaut
ċerna, grouper	mérou
coniglio, fenek, rabbit	lapin
100 **costata, costicine, chop**	côte, côtelette

dentiċi, dentice	dentex (poisson)
dolce, sweet	entremets
fagioli, fagiolini, beans	haricots
formaggio, cheese	fromage
frutta	fruit
funghi, mushrooms	champignons
ġbejna, sheep's milk cheese	fromage de brebis
insalata	salade
lampuka	daurade
manzo, beef	bœuf
melanzana, eggplant	aubergine
melone	melon
minestra, minestrone, thick vegetable soup	soupe aux légumes
naranja	orange
pastizzi	friands
patate, potatoes	pommes de terre
pesce, fish	poisson
pesce spada, swordfish	espadon
piselli, peas	petits pois
prosciutto, ham (e melone/fichi, with melon/figs)	jambon (avec melons/figues)
riso, rice	riz
risotto (pescatora)	risotto aux fruits de mer
salsa	sauce
saltimbocca	escalope de veau avec jambon et fines herbes
scaloppini, veal scallop	médaillons de veau
scampi, shrimp, prawn	scampi
tagliatelli, flat noodles	pâtes en rubans
timpana	tourte de macaroni à la viande et au fromage
torta	gâteau, tourte, tarte
tortellini	sorte de ravioli
tonn, tonno, tunny, tuna	thon
uove, eggs	œufs
vitello, veal	veau
vongole, clams	palourdes
zuppa, soppa, soup	soupe
zucchini, qarabali, baby marrows	courgettes

101

BERLITZ-INFO

Comment y aller

PAR AVION (vols réguliers)

Au départ de la Belgique. Il y a un vol direct par semaine entre Bruxelles et Luqa (durée 3 h environ), sinon il vous faudra passer par Rome (5 à 7 liaisons par semaine), par Francfort (7 liaisons par semaine) ou par Zurich (4 liaisons par semaine).

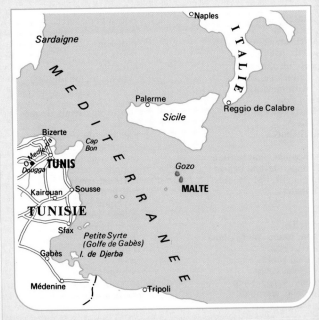

Au départ du Canada français. Pas de vol direct, mais vous changerez d'avion à Paris, à Londres, à Amsterdam, à Francfort ou à Zurich, en 10 h 55 ou 13 h 50 selon le lieu d'escale.

Au départ de la France. De Paris, on peut rallier directement Malte deux ou trois fois par semaine en 2 h 45. Il est aussi possible de changer d'avion à Rome ou Zurich. Lyon bénéficie d'un vol direct par semaine (durée 2 h 15): sinon, il faut changer d'avion à Rome. De Marseille et de Strasbourg, on doit se rendre d'abord à Paris. Idem depuis Nice, à moins de rallier Rome.

Au départ de la Suisse romande. De Genève, il y a, chaque semaine en haute saison, un vol direct (en 2 h 15), cinq vols *via* Rome (en 4 h 20) et quatre *via* Zurich (en 3 h 50 ou 4 h 30, selon les jours).

Italie–Malte. Rome est reliée 1 ou 2 fois par jour à Luqa en 1 h 25.

Tarifs spéciaux et réductions. *Au départ de la Belgique:* outre le tarif excursions, valable 3 mois pour un séjour d'un mois au maximum et d'une nuit sur place (samedi à dimanche) au minimum, vous avez le tarif PEX, valable 3 mois aussi, ainsi qu'un tarif spécial jeunes pour les moins de 26 ans. *Au départ de la France:* comme ci-dessus, mais sans le tarif spécial jeunes. *Au départ de la Suisse:* vous avez les mêmes facilités qu'en Belgique avec, en plus, des réductions pour les personnes âgées sur les tarifs normaux et PEX. *Au départ du Canada:* réservez votre billet jusqu'à 7 jours avant le départ et vous profiterez du tarif APEX (valable de 7 jours à 6 mois); le tarif excursion est valable de 7 jours à 6 mois.

Note: Malte n'est pas desservie par des vols charter. En revanche, sur certains vols réguliers, des places sont offertes à des prix spéciaux. Les groupes bénéficient aussi de réductions.

Voyages organisés. La formule la plus répandue propose, moyennant un forfait généralement intéressant sur le plan financier, le voyage en avion, les transferts, l'hébergement en pension complète ou en demi-pension dans un bon hôtel. Les individualistes préféreront probablement la formule du *fly-drive* (voyage en avion et voiture à disposition. – Par ailleurs, nombre de **croisières** font escale à Malte et (ou) à Gozo.

Si vous voyagez en auto ou en train, vous devrez évidemment gagner le sud de l'Italie, d'où vous embarquerez pour Malte.

PAR ROUTE

Au départ de Bruxelles. Itinéraire par Namur, Luxembourg, Strasbourg, Bâle, Berne, le *Lötschberg*, Brigue, le *Simplon*, Arona, Milan, Bologne, Rome, Reggio de Calabre/Messine (nombreux bateaux de Reggio à

Messine), Catane, Syracuse; soit 2050 km environ (autoroute Bruxelles–Namur, Strasbourg–Thoune, Arona–Catane).

Au départ de Paris. Itinéraire par Mâcon, Genève, le *tunnel du Mont-Blanc*, Aoste, Milan, Bologne, Rome, Reggio de Calabre/Messine (nombreux bateaux entre Reggio et Messine), Catane, Syracuse; soit 2000 km environ (autoroute Paris–Mâcon, Genève–Cluses, Aoste–Catane).

Au départ de Genève/Lausanne. Itinéraire par Cluses, le *tunnel du Mont-Blanc*, Aoste, Milan, Bologne, Rome, Reggio de Calabre/Messine (bateaux fréquents entre Reggio et Messine), Catane, Syracuse; il y a environ 1600 km (autoroute Genève–Cluses, Aoste–Catane).

PAR RAIL

Au départ de Bruxelles. Voitures directes (places couchées) Bruxelles–Rome et Rome–Syracuse.

Au départ de Paris. Voitures-lits Paris–Rome *(Palatino, Napoli Express)*, puis train direct Rome–Syracuse (places couchées).

Au départ de Genève/Lausanne. Train de jour direct jusqu'à Milan (EuroCity), puis train Milan–Syracuse (places couchées).

Les cartes *Eurailpass, Eurail Youthpass, Inter-Rail, Rail Europ Senior, Rail Europ Familles* et le *BIGE* (billet international pour jeunes) sont valables en Italie.

SERVICES MARITIMES

Les quatre lignes les plus commodes sont: Syracuse–Malte (en 5 h, trois fois par semaine), Reggio de Calabre–Malte (en 13 h, trois fois par semaine), Naples–Malte (en 25 h, une fois par semaine), Catania–Valetta (en 3 ou 4 h, quatre fois par semaine). Le transbordement des véhicules automobiles est assuré.

Quand y aller

Les meilleurs mois, pour visiter Malte, sont mai, juin, septembre, octobre et novembre, où le temps est presque toujours beau et pas trop chaud. Juillet et août, très beaux également, connaissent des chaleurs étouffantes, surtout quand souffle le sirocco. L'hiver se montre doux et assez pluvieux.

Pour équilibrer votre budget...

Voici quelques exemples de prix moyens, en lires maltaises (LM). Ces données n'ont qu'une valeur indicative, en particulier dans les cas où les prix fluctuent en fonction de la libre concurrence (location de voitures, vente de souvenirs, pratique des sports nautiques).

Aéroport (transfert). Taxi pour La Valette LM 5 (tarif officiel).

Alimentation. Bœuf à partir de LM 3 le kilo, surgelé à partir de LM 1.20 le kilo, poulet (surgelé) LM 1 le kilo, pommes de terre 15 ¢ le kilo, pain 13 ¢ les 750 g, beurre 20 ¢ les 227 g, lait 12 ¢ la bouteille, vin local 30 ¢–LM 1.30 la bouteille, whisky/gin LM 5 la bouteille.

Cigarettes. Marques maltaises 45–50 ¢ le paquet de 20.

Coiffeurs. *Dames:* shampooing et mise en plis LM 2.50–3.50, coupe et shampooing et brushing LM 3.95. *Messieurs:* coupe à partir de LM 1.50, coupe et brushing à partir de LM 2.50.

Ferry-boat pour Gozo. De Ċirkewwa à Mġarr (aller–retour) adulte LM 1.50, enfant 15 ¢, voiture LM 3.50. De Sa Maison Pier, Pietà, les tarifs sont légèrement plus élevés.

Gardes d'enfants. LM 1.50–2 l'heure.

Guides. Jusqu'à 11 personnes: 4 h LM 6, 8 h LM 9. Ces tarifs ne comprennent pas le déjeuner du guide (ou LM 2 en compensation).

Hôtels (chambre à un lit avec petit déjeuner). ★★★★★ LM 25–36, ★★★★ LM 13, ★★★ LM 9, ★★ LM 7.50, ★ LM 6. «Appartements-hôtels» et établissements similaires LM 5–10 selon la catégorie. Pensions LM 4–6.

Location de voitures. Officiellement, le tarif journalier, qui ne tient pas compte de la marque de la voiture est de LM 7. Mais généralement, les tarifs des garagistes et les réservations de dernière minute en été haussent ce tarif; le prix peut être inférieur en basse saison et lors de réservation anticipée.

Repas et boissons. Menu touristique dans un établissement moyen LM 2–3, bouteille de vin local à partir de LM 1.20, boisson sans alcool 20 ¢, café 25 ¢.

Souvenirs. Ensemble de 3 napperons en dentelle de Malte LM 3.95–8.50, boutons de manchette en argent avec croix de Malte LM 5–6, broche en or filigrané LM 24, broche en argent filigrané LM 3–8.

Sports nautiques. *Canot à rames* LM 1.50–2 l'heure, *dinghy* LM 5–10 l'heure, *planche à voile* LM 3 l'heure, *ski nautique* LM 5 la leçon de 10 min, *plongée autonome* (depuis un bateau) LM 10–11 la plongée.

Informations pratiques classées de A à Z pour un voyage agréable

> L'anglais étant largement répandu à Malte, nous avons jugé utile de faire suivre le titre de chaque rubrique de son équivalent en anglais (généralement au singulier).

A

AEROPORT *(airport)*. Les îles maltaises sont desservies par l'aéroport de Luqa, situé à 6 kilomètres environ (à 15 min en voiture) au sud de La Valette. Il peut accueillir les gros-porteurs d'Air Malta et de quelques compagnies internationales.

Les formalités douanières sont assez simples, et des couloirs verts et rouges ont été aménagés, comme un peu partout. L'aérogare abrite un bureau de change ouvert jour et nuit, un restaurant climatisé, un snack-bar, une librairie et des agences de location de voitures. Une petite boutique hors taxes vend tabacs, parfums, vins et alcools – on peut s'y approvisionner au départ comme à l'arrivée. Un bureau d'Air Malta se charge de renseigner et d'aider les touristes. Le bureau de poste de l'aérogare est ouvert de 7 h à 19 h du lundi au samedi.

L'arrêt d'autobus pour La Valette se trouve à 2 minutes à pied de l'aérogare. Les taxis sont nombreux. Certains hôtels assurent une navette par minibus entre La Valette et Luqa.

Sauf en été, où l'île est reliée à Malte par un service d'hélicoptère, Gozo, qui ne possède pas d'aéroport, n'est accessible que par bateau. Voir «Ferry-boats» à la rubrique TRANSPORTS.

Attention: En été, il est conseillé aux touristes de se rendre à l'aéroport bien avant l'heure du départ. Il arrive, en effet, que des compagnies surchargées louent plusieurs fois la même place et refoulent les passagers arrivant à la dernière minute.

Renseignements sur les vols: tél. 24 34 55, 24 34 58 et 24 28 76

AMBASSADES et REPRESENTATIONS *(embassy; high commission)*

Belgique Ambassade (Libye): Sh. Ali Obeyda Ibn el Jarah 1, Tripoli; tél. 3 77 97

Consulat: P.O. Box 596, Scots House, M.A. Vassalli Street, La Valette; tél. 22 76 06

Canada	Ambassade (Italie): Via G. Battista De Rossi, 27, 00161 Rome; tél. 841 53 41	**A**
France	Ambassade: Villa Seminia, 12, Sir Temi Zammit Street, Ta'Xbiex, B.P. 408, La Valette; tél. 33 11 07	
Suisse	Ambassade (Italie): Via Barnaba Oriani, 61, 00197 Rome; tél. 808 36 41	
	Consulat honoraire: 6, Zachary Street, La Valette; tél. 23 77 50 ou 24 41 59.	

ARGENT *(money)*

Monnaie. Malte possède un système monétaire décimal. La livre sterling de Malte (£M) est divisée en 100 *cents* (¢) et le *cent* en 10 *mils* (m). Dans le pays, la livre sterling est appelée *Lira*, pluriel *Liri* (abrégé en *Lm*).
Pièces: 2m, 3m et 5m; 1¢, 2¢, 5¢, 10¢, 25¢, 50¢ et Lm 1.
Billets: Lm 2, Lm 5, Lm 10 et Lm 20.

Les pièces en or et en argent, qui ne sont plus en circulation, peuvent être achetées au prix courant au Malta Coins Distribution Centre, Central Bank of Malta, Castille Place, La Valette. Les pièces dont l'émission est suspendue peuvent être acquises à prime auprès des vendeurs spécialisés. Enfin, pour exporter vos pièces, si elles constituent plus qu'un petit souvenir, il vous faudra un permis délivré par la banque centrale.

Pour les restrictions de devises, voir FORMALITÉS D'ENTRÉE ET DOUANE.

Horaires des banques. En été, les établissements bancaires sont générale-ment ouverts de 8 h à midi du lundi au vendredi, jusqu'à 11 h 30 le samedi; en hiver, ils ouvrent et ferment une demi-heure plus tard. Ces horaires valent pour les agences de la plupart des villes et villages de Malte. Dans certaines banques, des bureaux de change ouvrent l'après-midi de 16 h à 19 h (de 15 h à 18 h en hiver).

Le samedi, les banques ne changent en général les devises que jusqu'à concurrence de Lm 100. Dans nombre d'hôtels, le taux pratiqué pour les **chèques de voyage** est très bas. Il est donc préférable d'aller dans une banque (votre passeport vous sera demandé). Les **cartes de crédit** sont acceptées dans les meilleurs hôtels, restaurants et boutiques des principales agglomérations. Les affichettes des cartes honorées sont en général apposées à la porte de ces établissements. Dans les magasins, réglez vos achats avec de l'argent local ou votre carte de crédit, à moins que la boutique n'annonce un taux particulièrement intéressant pour les devises étrangères.

A Les **prix** sont assez raisonnables comparativement à ce qui se pratique dans les grandes villes du continent. Ainsi, la nourriture est bon marché, et les produits de l'artisanat (tissages, broderies, lainages, poteries, verrerie, etc.) se révèlent avantageux (voir ACHATS, p. 88). Les prix sont habituellement marqués, aussi est-il vain de les discuter. (Vous pourrez cependant tenter de marchander dans les petites boutiques et aux étals dans les rues.) La liste de la p. 105 vous donnera une idée du coût de la vie à Malte.

AUBERGES DE JEUNESSE *(youth hostel)*. Il existe plusieurs auberges de la jeunesse à Malte et une à Gozo. Vous obtiendrez tous les renseignements voulus en vous adressant à la Valletta Youth Hostels Association :
17, Tal-Borġ Street, Paola ; tél. 23 93 61

AUTO-STOP *(hitch-hiking)*. Il est autorisé, encore que peu répandu. Si vous le pratiquez, suivez les règles du bon sens. Mais il est de loin préférable d'utiliser les services d'autocars, bon marché et bien organisés.

B **BLANCHISSERIES et TEINTURERIES** *(laundry ; dry-cleaning)*. Il en existe un grand nombre sur Gozo et sur Malte, laquelle possède par ailleurs des laveries automatiques ouvertes aux heures habituelles. Le blanchissage, comme le nettoyage à sec, demande environ trois jours, mais certaines maisons proposent un service rapide en un jour. Les grands hôtels assurent un service de blanchissage normal ou à la journée (ce dernier, beaucoup plus onéreux).

C **CAMPING** *(camping)*. Malte et Gozo ne possèdent aucun terrain aménagé.

CARTES *(map)*. Les offices du tourisme de La Valette et de Victoria (Gozo) distribuent une carte générale que vous pourriez aussi obtenir à l'hôtel. Autrement, les librairies, les kiosques à journaux des hôtels, etc., disposent d'un bon choix de cartes. La cartographie du présent guide est **108** due à Falk-Verlag, à Hambourg.

CIGARETTES, CIGARES, TABAC *(cigarette, cigar; tobacco)*. Quelques marques de cigarettes internationales sont manufacturées sur place. (Les cigarettes maltaises sont moins chères.) On trouve également les principales marques internationales de tabac et de cigares.

Le tabac s'achète dans nombre de petites boutiques sans signe distinctif, mais dont la vitrine «parle» d'elle-même! Certaines d'entre elles portent l'inscription *tobacconist*.

COIFFEURS *(hairdresser)*. Les meilleurs «figaros» de Malte sont en général très au fait des coiffures et coupes à la mode. Si vous prenez beaucoup de bains de mer et de soleil, vous serez bien inspiré de demander un traitement revitalisant.

Certains coiffeurs figurent dans le guide *What's On*. Les grands hôtels ont également de bons salons. Enfin, il est d'usage de laisser un pourboire de 10 à 15%.

CONDUIRE A MALTE. Si, malgré l'embarras que cela implique, vous décidez de vous rendre à Malte avec votre voiture, il vous faudra:

- votre permis de conduire national
- la carte grise (permis de circulation) du véhicule
- une police d'assurance (la formule la plus courante est la carte verte, qui valide votre assurance à l'étranger)

S'il n'y a pratiquement aucune norme d'équipement à respecter à Malte ou à Gozo, il est plus prudent d'attacher vos ceintures de sécurité et d'emporter un triangle rouge de signalisation en cas de panne.

Règles de circulation. La prudence est de rigueur, surtout si vous n'êtes pas habitué à rouler à gauche. Avec un peu d'entraînement, vous vous y ferez très bien. Le code est en général semblable à celui en vigueur en Grande-Bretagne, à savoir: conduite à gauche, dépassements à droite; dans les ronds-points, priorité aux voitures déjà engagées.

En théorie, la vitesse est limitée à 40 km/h dans les agglomérations et à 64 km/h sur les grandes routes.

Pour les étrangers, la meilleure tactique consiste, au volant, à se tenir sur la défensive, en passant à distance respectueuse des camions ou des autobus. En effet, pour le non-initié, conduire à Malte et plus particulièrement à Gozo, risque de constituer une épreuve; les chauffeurs de camions et de cars délabrés sont connus pour leur maladresse, et ils font souvent ce que bon leur semble!

C Dans le centre de La Valette, nombre de rues sont interdites à la circulation, certaines sont à sens unique et les autres habituellement embouteillées.

État des routes. Il existe quelques sections de routes à quatre voies. A Malte et à Gozo, les grands axes, s'ils ne sont pas toujours en bon état, sont d'ordinaire suffisamment larges pour que deux ou trois voitures puissent s'y croiser. Les nids de poules sont fréquents, parfois bouchés avec du goudron et un amalgame de cailloux recouverts de sable fin. L'état des routes secondaires est quelquefois très mauvais. Méfiez-vous par ailleurs des routes et des chemins de campagne qui se resserrent tellement que vous risquez de vous retrouver dans l'obligation de faire marche arrière. Enfin, utilisez votre avertisseur dans les virages ou aux endroits sans visibilité, notamment dans les villages.

Stationnement. Des contraventions pour parcage «sauvage» sont actuellement introduites. Faites attention, surtout, à ne pas bloquer un autre véhicule ou une sortie. Quant aux parcomètres, ils n'existent pas. Si vous stationnez dans un parking, donnez un petit pourboire au gardien au moment de repartir. Au centre de La Valette, dénicher une place de parc relève du miracle.

Police de la route. Vous verrez rarement des agents, mais ils sillonnent les routes par deux, en voiture ou à moto. Il vous arrivera peut-être de tomber sur un barrage routier.

Essence et huile. On trouve du super (98 octane), du sans plomb et du diesel. Les stations-service ouvrent de 6 h 30 à 18 h, mais restent fermées le dimanche. N'oubliez donc pas de faire le plein le samedi soir.

Pannes. Les garages locaux assurent le remorquage et les réparations sur place. En général, ils disposent de pièces de rechange pour les marques les plus courantes. Si vous tombez en panne avec une voiture de louage, commencez par alerter l'agence de location, qui sera certainement en mesure de vous tirer d'affaire dans l'heure.

Accidents. En cas d'accident, appelez immédiatement la police en composant le 191.

Il est préférable de ne pas déplacer son véhicule avant que les policiers aient procédé au constat, indispensable pour faire valoir ses droits.

COURANT ELECTRIQUE *(electric current)*. Malte est équipée en 240 volts 50 Hz. Les prises sont du type à trois fiches, comme en **110** Angleterre.

DECALAGE HORAIRE *(time difference)*. Malte vit à l'heure de l'Europe centrale (GMT + 1). En été (du 31 mars au troisième dimanche de septembre), les Maltais avancent toutefois leurs montres d'une heure (GMT + 2).

Ainsi, à la belle saison, quand il est midi à La Valette (comme à Paris, à Bruxelles ou à Genève), il est 6 h du matin à Montréal.

DELITS et VOLS *(crime; theft)*. Les délits sont encore relativement rares à Malte, en comparaison du reste du monde, et les touristes sont en sécurité presque partout. Les vols tendent cependant à être plus fréquents. Il est donc sage de prendre les précautions habituelles: mettez vos objets de valeur dans le coffre de l'hôtel ou, si vous louez un appartement, ne les laissez pas en évidence. Par principe, fermez votre voiture à clé. En cas de perte ou de vol à l'intérieur de l'hôtel, prévenez-en immédiatement la direction; sinon, informez-en tout de suite le poste de police le plus proche.

FORMALITES D'ENTREE et DOUANE *(entry regulations; customs)*. Voir aussi CONDUIRE À MALTE. Une carte d'identité est suffisante aux ressortissants de la plupart des pays, les Canadiens présenteront un passeport valide.

Le tableau ci-dessous indique ce que vous pouvez importer en franchise à Malte et rapporter dans votre pays:

Entrée à:	Cigarettes	Cigares	Tabac	Alcool	Vin
Malte	200 ou 250 g de tabac sous d'autres formes*			1 l et	1 l
Canada	200 et	50 et	900 g	1,1 l ou	1,1 l
Belgique France Suisse	200 ou	50 ou	250 g	1 l et	2 l

* dont un maximum de 50 g de tabac type «scaferlati»

F **Restrictions de devises.** Si l'entrée des devises étrangères n'est soumise à aucune restriction (à condition de les déclarer à l'arrivée), on ne peut importer plus de Lm 50. Au départ, les visiteurs sont autorisés à sortir Lm 25 au maximum, plus ce qu'il leur reste des devises étrangères dûment déclarées à l'arrivée.

G **GUIDES** *(guide).* L'Organisation nationale du Tourisme (voir OFFICES DU TOURISME) peut vous procurer des guides officiels qualifiés. Ils doivent porter une plaque d'identification émise par le ministère du Tourisme sur laquelle figurent leurs noms, code et photo. Votre hôtel pourra également vous trouver un cicérone. Signalons que le pourboire n'est pas inclus dans le prix d'une excursion.

H **HABILLEMENT** *(clothing).* Les vêtements de coton amples et légers sont tout indiqués pour les chaudes journées d'été. En général, les dames préfèrent les jupes larges – plus fraîches que les pantalons. Pour faire du tourisme, il est sage de porter un chapeau ou un fichu pour se protéger du soleil, et des chaussures ou sandales à semelles de caoutchouc ou de corde.

La chaleur n'est pas une excuse pour une tenue négligée. Les Maltais font d'ailleurs campagne contre le laisser-aller vestimentaire dans les lieux publics.

De plus, la stricte morale catholique interdit de visiter les églises en short, en jupe trop courte, en robe très décolletée ou sans manches. Il arrive qu'on prête aux femmes un foulard pour leur permettre de se couvrir les épaules.

Si le bikini est courant sur les plages, monokini et nudisme sont illégaux (on risque pour le moins une amende à essayer).

Le soir, certains hôtels de luxe et le casino exigent de leurs clients qu'ils portent veston et cravate; pour les dames, une ou deux robes ou jupes longues simples ou un ensemble veste-pantalon habillé pourront être utiles. Emportez un chandail ou un châle pour les soirées plus fraîches.

En hiver, vous n'aurez besoin que de vêtements de laine légers: veste, chandail et, éventuellement, manteau de demi-saison ou imperméable.

HEURES D'OUVERTURE *(hours).* Tout ferme pendant quelques heures au moment du déjeuner. La chaleur de l'été est parfois si forte qu'il est préférable de suivre les habitudes locales et de se reposer en attendant la fraîcheur...

Les heures d'ouverture varient considérablement selon la nature de l'établissement, public ou privé notamment, selon le jour de la semaine

112

et l'époque de l'année. Les indications données ici sont d'ordre général. (Voir aussi Argent et Postes et Télécommunications.)

Administrations. Hiver (1er oct.–15 juin): de 7 h 45 à 12 h 30 et de 13 h 15 à 17 h 15 du lundi au vendredi. Eté: de 7 h 30 à 13 h 30 du lundi au vendredi.

Bureaux et entreprises. De 8 h 30 ou 9 h à 13 h ou 13 h 30 et de 14 h 30 à 17 h 30 ou 18 h. Certains bureaux ouvrent le samedi matin, mais la plupart des sièges de sociétés suivent les horaires des administrations.

Magasins. Ils sont en général ouverts du lundi au samedi de 9 h à 19 h, avec une à trois heures d'interruption (plutôt trois...) pour le déjeuner. Certains établissements restent ouverts le midi et ne ferment le samedi soir qu'à 20 h.

Le marché en plein air de Merchants Street, à La Valette, se tient jusqu'à midi environ du lundi au samedi. Le dimanche matin, un marché beaucoup plus important draine les foules à St. John's Ditch, juste à la sortie de La Valette, à deux pas du terminus des autobus.

Musées. La plupart des musées et des sites, gérés par l'Etat, observent plus ou moins les mêmes horaires. Hiver (1er octobre au 15 juin): de 8 h 15 à 17 h du lundi au samedi; de 8 h 15 à 16 h 15 le dimanche. Eté: de 7 h 45 à 14 h y compris le dimanche. Tous les musées sont fermés les jours fériés. A Gozo, les musées ouvrent de 8 h 30 à 16 h 30 du lundi au samedi en hiver, et de 8 h 30 à 18 h 30 ou 19 h en été.

Musée national militaire de Malte (fort Saint-Elme). Même horaire que les musées d'Etat.

Co-cathédrale Saint-Jean. De 9 h 30 à 13 h et de 13 h 30 à 17 h 30 du lundi au vendredi, de 9 h 30 à 13 h et de 15 h 30 à 17 h le samedi. Musée et oratoire ferment une heure plus tôt du lundi au vendredi ainsi qu'à l'heure du déjeuner le samedi. L'ensemble reste fermé le dimanche.

Musée de la cathédrale de Mdina. Hiver (1er octobre–31 mai): de 9 h à 13 h et de 13 h 30 à 16 h 30. Eté: jusqu'à 17 h. Fermeture le dimanche et les jours fériés.

Théâtre Manoel. Visites guidées à 10 h 45 et à 11 h 30 du lundi au vendredi.

Centre méditerranéen de conférences *(The Malta Experience)*. Séances à 10 h 30, 12 h, 13 h 30, 15 h, 16 h, samedi à 11 h et 12 h, fermé dimanche.

Mdina Experience, 7 Mesquita Square. Shows de 10 h à 18 h du lundi au samedi. Fermé dimanche.

H **Gozo Heritage,** Mġarr Road. Shows de 10 h à 16 h du lundi au samedi. Fermé dimanche.

HOTELS et LOGEMENT *(hotel; accommodation).* Voir également AUBERGES DE JEUNESSE. Malte offre toute une gamme, des palaces aux modestes pensions de famille. L'Hotels and Catering Establishments Board a classifié près de 100 hôtels en fonction du confort et des aménagements qu'ils offrent. Les hôtels sont classés en plusieurs catégories, de l'établissement de luxe à 5 étoiles à celui à une étoile, le plus simple. Les complexes touristiques et les «appartements-hôtels» se divisent en trois classes, et les pensions en deux. Ces classifications ne sont toutefois pas nécessairement garantes de la qualité que vous attendez d'un établissement. Ainsi, l'accueil chaleureux que vous recevrez dans une pension de seconde classe vaudra pour vous peut-être bien plus que le service haut de gamme d'un palace.

Si vous projetez de vous rendre à Malte en pleine saison ou même au début de l'automne, il est impératif de retenir votre chambre suffisamment à l'avance.

Logements à louer. Nombre de gens préfèrent louer un appartement ou une villa pour leurs vacances. Les prix et le confort varient évidemment. La brochure de l'Organisation nationale du Tourisme donne tous les renseignements sur les logements en question.

Attention: Ne louez pas un appartement à une personne rencontrée fortuitement; en effet, certains propriétaires exploitent systématiquement les touristes étrangers trop confiants.

J **JOURNAUX et REVUES** *(newspaper; magazine).* Les journaux et les principaux «hebdos» français sont en vente à Malte. Les presses belge et suisse sont totalement absentes. Les quotidiens de langue anglaise sont évidemment bien représentés. Et puis il y a la presse locale, avec un quotidien en anglais, *The Times,* et un «hebdo», *The Sunday Times.*

Le petit guide bimensuel *What's On* fournit un grand nombre de renseignements. Vous y trouverez d'ailleurs deux pages en français.

JOURS FERIES *(public holiday).* Voici les fêtes officielles, religieuses ou civiles, lors desquelles banques, bureaux et magasins restent fermés. Il existe beaucoup d'autres *festi,* qui se déroulent le samedi et le **114** dimanche un peu partout dans les villes.

1er janvier	Nouvel An	*15 août*	Assomption
10 février	Naufrage de Saint-Paul	*8 septembre*	Notre-Dame-des-Victoires
19 mars	Saint-Joseph		
31 mars	Fête de la Liberté	*21 septembre*	Jour de l'Indépendance
1er mai	Fête du Travail	*8 décembre*	Immaculée Conception
7 juin	Commémoration du 7 juin 1919	*13 décembre*	Fête de la République
29 juin	Saint-Pierre et Saint-Paul	*25 décembre*	Noël

Fête mobile	Vendredi saint

LANGUE *(language).* Si vous parlez l'anglais, vous n'aurez aucun problème, car presque tous les Maltais ont une bonne, sinon excellente connaissance de cette langue. Beaucoup parlent également l'italien et certains le français. Mais, ici, la langue nationale est le *maltais,* à la fois séduisant et presque incompréhensible pour les étrangers.

Voici la prononciation approchée des consonnes les plus «décourageantes»:

ċ – *tch*
g – dur, comme dans «goûter»
ġ – *dj*
gh – muet, sauf lorsqu'il est placé à la fin d'un mot (*h* aspiré)
h – muet, sauf lorsqu'il est placé à la fin d'un mot (*h* aspiré)
ħ – *h* aspiré
j – comme le *y* de «yeux»; **aj** se prononce comme «ail»; **ej**, comme dans «paye»
q – *kh* très sourd, s'entend à peine
x – *ch*
z – *ts*
ż – *z*

Quelques expressions usuelles:

	maltais	*prononciation*
bonjour	**bonġu**	BONN-djou
bonsoir	**bonswa**	BONN-soi
oui/non	**iva/le**	I-va/lé

L

s'il vous plaît	**jekk joghġbok**	yek YODJE-bok
merci	**grazzi**	GRAT-si
pardon	**skużi**	SKOU-zi
Où se trouve...?	**Fejn hu...?**	feign'ou
droit	**lemin**	LÉ-mine
gauche	**xellug**	chél-LOUGUE
tout droit	**dritt il-quddiem**	drit il-KHOUD-di-émm
combien?	**kemm?**	kémm

Nombres

0	**xejn**	cheigne
1	**wieħed**	OUI-hed
2	**tnejn**	tneigne
3	**tlieta**	TLI-ta
4	**erbgħa**	ER-ba
5	**hamsa**	HAM-sa
6	**sitta**	SIT-ta
7	**sebgħa**	SÉ-ba
8	**tmienja**	TMI-enn-ya
9	**disgħa**	DI-sa
10	**għaxra**	ACHE-ra

Voir aussi NOMS DE LIEUX.

LOCATION DE BICYCLETTES *(bicycle hire)*. Le terrain plat et les dimensions «raisonnables» des îles conviennent admirablement pour ce sport. Pour tout détail, consultez un office du tourisme, sur place (voir OFFICES DU TOURISME).

LOCATION DE VOITURES* *(car hire)*. Voir aussi CONDUIRE À MALTE. Les sociétés internationales de location disposent de bureaux dans l'archipel. On trouve également des dizaines de petites agences indépendantes, plus ou moins dignes de confiance. Les conditions de location sont raisonnables. Il est recommandé, lorsque la saison bat son plein, de réserver sa voiture suffisamment à l'avance.

Dans certaines agences, on vous demandera, outre votre permis de conduire, de présenter votre passeport et, dans la plupart des cas, on exigera que vous ayez au moins 25 ans. Les grandes sociétés acceptent les cartes de crédit; pour certaines, vous aurez à verser une caution. Les tarifs indiqués à la p. 105 comprennent les taxes et l'assurance au tiers. Rappelez-vous qu'à Malte on roule *à gauche*...

The most obvious exception to the basic rule about indicating possession arises when a word to which you would like to add an *'s* already ends in an *s*.

We looked at *the boys' homework* on page 109, but what about the novels of Dickens or the homework that Thomas and James have to do or the house where Mr and Mrs Davies live?

Opinions vary. You can write *Dickens' novels* or *Dickens's novels*, just as you like, and if you opt for the latter you can pronounce it *Dickens* or *Dickenses*. The same applies to *Thomas's and James's homework*, *the Davies's house*, *Keats's poems*, *Reynolds's paintings* and *Inigo Jones's architecture*. Put in those extra *s*'s or leave them out, pronounce them or not. Just be consistent.

With longer words whose last syllable is pronounced *-eeze*, add an apostrophe only; don't introduce an extra syllable: *Socrates' philosophy, Hercules' labours.* Bear in mind, too, that reworking a sentence is often an option if you aren't sure what to do for the best or if, as in cases like these (or, say, *Barbados' capital*), the word is becoming hard to say. Go for *the philosophy of Socrates, the labours of Hercules, the capital of Barbados.* They're perfectly correct and won't make you sound like a cobra.

Simple plurals do not require apostrophes. As we have seen, to make a plural of a word such as *book, hand, computer, plural, apostrophe*, you simply add an *s*.

While I was writing this I received an email concerning a survey in which I had taken part. It began:

> *Over recent week's we've been using your answers …*

That apostrophe in *week's* is both meaningless and confusing, suggesting that there is a word missing. *Recent week's wages*, perhaps? Wouldn't that be nice?

If you re-read the previous few pages and learn the basic rules about where apostrophes do go, you'll have a better chance of not putting them in places like this, where they have no business.

As we saw on page 8, a pronoun takes the place of a noun
to avoid endless repetition. Possessive pronouns, as the name
suggests, are pronouns that indicate who owns what; and they
are getting a page to themselves in the apostrophe section
because they never have an apostrophe.

With a number of them, this is obvious:

These are my *friends.*

That phone is mine.

I really like your *dog.*

I am scared of his *sister.*

I haven't met her *new boyfriend.*

I wish you could see our *garden.*

No problem there – there's nowhere you're likely to want to
put an apostrophe. But what about:

That's my seat – yours *is in the second row.*

Her parents are richer than ours.

Our parents are nicer than hers.

Our holiday was great, but theirs *sounded even better.*

Simple rule: none of these words *ever* has an apostrophe.
As I said before, apostrophes show possession with nouns,
but not with pronouns. That rule with help you with the next
section, too.

This is that 'most common of all mistakes' that I mentioned a few pages ago. Before you go any further, re-read pages 110 and 113. And remember that:

- *It* is a pronoun.
- With pronouns, apostrophes don't indicate possession; they indicate *only* that something is missing.

Thus *it's* can only be short for *it is*, *it has* or something of that sort:

> It's *my birthday.*
> *I hope* it's *going to be fine tomorrow.*
> It's *been a long day.*

The possessive pronoun, therefore, is *its*, without an apostrophe:

> *The dog shook itself so that water flew off* its *coat* (i.e. the coat belonging to the dog).
> *Don't judge a book by* its *cover* (the cover belonging to the book).
> *You ought to polish the table to preserve* its *sheen* (the sheen belonging to the table).

Don't – please don't – put an apostrophe in these.

... is in the plural of an abbreviation. One DVD, two DVDs.
One ATM, two ATMs. As with a noun, use an apostrophe
only to indicate possession or that something is missing:

That ATM's screen is hard to read (the screen on that ATM).

Those ATMs' screens are hard to read (the screens on those
ATMs).

That ATM's always breaking down (that ATM is always ...).

When writing about letters of the alphabet, in expressions such as *minding your p's and q's* or *dotting the i's and crossing the t's*, most people put in apostrophes. There's no real grammatical explanation for this, but it makes life easier for the reader (who might be confused at the thought of *dotting the is*) and that is reason enough.

Some grammatical confusions

English is full of homophones – words that sound alike but are usually spelled differently and have different meanings. Here are some common causes of confusion.

There/their/they're

There means the opposite of *here*, at that place some distance away (noting that *there* contains the word *here* may help you remember this). *Their* means 'belonging to them':

> Their *coats are in the cupboard over* there.

There is used as the *dummy subject* (see page 60) in expressions such as *There is a ghost in that house* or *There's no business like show business.* It may also mean *on that point, in that matter,* as in *I have to disagree with you* there.

With *they're*, you apply the rule that apostrophes indicate something is missing. *They're* is short for *they are,* as in *They phoned to say* they're *running late but they should be here soon.*

Whose/who's

This is another instance of an apostrophe indicating that something is missing: *who's* is short for *who is*: Who's *afraid of the big bad wolf?*

Whose means *of whom, belonging to whom?*

> Whose *book is this?*
>
> *I told her* whose *book it was.*
>
> *The book* whose *pages are falling out.*

To/two/too

To is the preposition indicating:

- an indirect object: *He gave the money* to *the girl behind the counter.*

- the direction towards: *He struggled* to *the top of the hill.*

- the time until: *Monday* to *Friday.*

It also indicates the infinitive of a verb: *He wanted* to *be there,
I was ready* to *leave.*

Two is the number, more than one and fewer than three.

Too is an adverb indicating excess:

> *It's just* too *much.*
> *You can't come in now − it's* too *late.*

… or used as an alternative to *also*:

> *If you're going, I want to go* too.
> *David,* too, *had been a choirboy in his youth.*

A top ten of confusables

Not strictly connected with grammar, these words are worth listing because so many of us get them wrong.

affect/effect

Affect is generally a verb, *effect* a noun: if you *affect* something, you have an *effect* on it. If you use *effect* as a verb, the object is usually a change:

> *He effected a change in policy by replacing the financial director with a younger, more dynamic accountant.*

chord/cord

Chords are musical, *cords* are to do with ropes. So the *vocal cords* are made up of bits of membrane folded together in a vaguely rope-like way; the same goes for the *spinal cord*, *umbilical cord* and other cords in the body. If something *strikes a chord*, however, meaning that you remember it vaguely, it has musical associations.

cite/site/sight

To cite is to quote, to give as an example; a *site* is a place (such as *a building site*) on which something is *situated*. And *sight*, of course, is the sense that enables you to see and also something a tourist might go to see: *the sights of Paris*.

complement/compliment

We've been talking about *complements* in connection with the verb *to be*; something that *complements* something else makes it complete, or at least goes with it very well. A *compliment* is a pleasant, possibly flattering remark. He *complimented* her (or paid her a *compliment*) on her blue dress, which *complemented* her eyes.

foreword/forward

The introductory piece, often written by someone other than the author, that appears at the beginning of a book is a *foreword* – it's a *word* (or a few words) that goes *before*. When *forward* is used as a noun it is likely to mean a football or hockey player; more often it is an adjective or adverb referring to the future (*from this day forward*) or to a position at the front (*the forward part of the ship*). If you *forward* an email, you spell it that way too.

metal/mettle

Metals are hard, usually shiny substances like iron and silver. *Mettle* is a person's disposition or character, now almost always heard in the expression *on one's mettle*, inspired to show what one is made of, eager to do one's best. *To be on one's metal* is wrong.

moot/mute

A *moot point* is one that can be argued about; a suggestion may be *mooted* at a meeting, meaning that it is put forward for discussion. This meaning comes from the medieval *moot*, which was something along the lines of a local council. It is nothing to do with *mute*, which means silent or unable to speak.

principal/principle

Principal means main, most important, so a head teacher is spelled this way; the leading actor in a film has the *principal* role. A *principle* is a general law or belief, particularly one that guides a person's actions: if you refuse to shop in supermarkets *on principle*, because you want to support local traders, this is how you spell it.

reign/rein/rain

Reigning is what a king or queen does; *reins* are the leather straps with which you guide and restrain a horse or a toddler. *To rein someone in* and *to keep a tight rein on their finances* are therefore spelled like this; but something as unregal as a football team might *reign supreme* if it went undefeated for long enough. Neither of these has anything to do with *rain*, the wet stuff that falls from the sky.

sleight/slight

Slight means small, insignificant: *a slight movement, a slight improvement*. *To slight* is also to insult someone by ignoring them or making them feel unimportant. *Sleight* means a specific skill or knack, now almost always found in the expression *sleight of hand* – the sort of manual dexterity a conjuror or a pickpocket uses. *Slight of hand* is (sorry to say this again) wrong.

It's one of the many absurdities of English that there are several words for saying the same thing twice. Tautology is one of these; redundancy, prolixity and pleonasm are others. Some of the following examples are so widely used that they come under the heading of 'losing battle', but that means they are on the way to becoming clichés and are best avoided for that reason.

One of the ways to avoid tautology is to ask yourself what the opposite would be. If the answer is an absurdity, chances are that what you are about to say is silly too. Can you, for example, have *an old innovation*? *A partial opposite*? *A wonderful disaster*? Of course you can't. So you shouldn't have *a new innovation, a complete opposite* or *a terrible disaster* either.

Other less obvious examples occur when the meaning of one word is already included in the meaning of another. *Adequate*, for example, means good enough or sufficient in quantity, so *Is it adequate enough?* is a duplication of effort. *Is it adequate?* or *Is it enough?* both convey the same meaning.

Similarly:

> *A variety of different colours* should be either *A variety of colours* or *A range/lot/choice of different colours*.
>
> *The subject of the book is about ...* should be either *The subject is ...* or *The book is about ...*
>
> *The reason I ask is because ...* becomes *The reason I ask is that ...* or *I ask because ...*

He tried to attempt an assault on Everest should be *He tried/ attempted an assault …*

The name of the mayor is called Simpson should be *The name of the mayor is …* or *He is called …*

Consensus means 'a general agreement' so the popular *a general consensus of opinion* says the same thing not twice but three times.

Abbreviations and acronyms are other common offenders: *PIN number, HIV virus, PC computer.* What do people who use these expressions think the N, the V and the C stand for? Probably, as I said, losing battles, but ones that people who care about accuracy will fight for a while yet.

Just the one …

One of the worst repeat offenders in the tautology court,
unique means 'being the only one'. It doesn't mean 'unusual'.
Something is therefore either unique or it isn't: it can, perhaps,
be *almost unique* if there is only one other example; it can, at a
pinch, be *utterly unique*, if you really want to make a point.
It cannot be *fairly unique*, *rather unique* or *a bit unique*. Believe me.
It just can't.

No, no, no …

In English as in maths, two negatives combine to make a positive. So in a sentence such as *He didn't know nothing*, *didn't* and *nothing* cancel each other out and the meaning becomes *He did know something*.

Most of these double-negative errors are straightforward:

I couldn't find it nowhere.
He never told me nothing.
Nobody didn't answer when I called.

But some contain less obviously negative words:

Her exam paper contained scarcely no mistakes.
He had hardly no money left at the end of the holiday.

Scarcely and *hardly* are *broad negatives* – they are *almost* negative in meaning, and grammatically are treated as negatives. So the correct versions of these examples would be:

Her exam paper contained scarcely any *mistakes.*
He had hardly any *money left at the end of the holiday.*

Some further reading

Eastwood, John *Oxford Learner's Grammar* (Oxford University Press, 2005)

Fowler, H. W., *Modern English Usage* (Oxford University Press, 1926)

Gowers, Sir Ernest *Plain Words: a guide to the use of English* (revised and updated by Rebecca Gowers, Particular Books, 2014)

Greenbaum, Sidney, and Nelson, Gerald *An Introduction to English Grammar* (Pearson Education, 2009)

Simpson, Ron *Teach Yourself Essential English Grammar* (Hodder Education, 2010)

Taggart, Caroline *Her Ladyship's Guide to the Queen's English* (National Trust Books, 2010)

Taggart, Caroline, and Wines, J. A. *My Grammar and I (or should that be 'Me'?)* (Michael O'Mara Books, 2008)

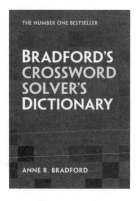
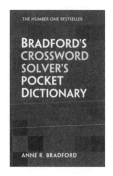

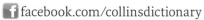

Collins English dictionaries
Perfect for the crossword fanatic

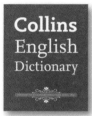
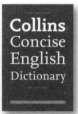

Location de voitures avec chauffeur. Cette façon de visiter le pays est de loin plus reposante que de conduire soi-même sur des routes plutôt difficiles, mais il faut pouvoir se l'offrir, les tarifs horaires étant élevés. Certains garages imposent une durée de location minimale de huit heures. On peut aussi louer des taxis à l'heure, à la journée ou à la demi-journée. Les prix dépendent de votre don pour le marchandage...

MALTE POUR LES ENFANTS.

A Malte, il y a peu de distractions destinées spécialement aux enfants, mais ils y seront heureux, notamment sur les plages, magnifiques et sans danger. Cependant, ne quittez pas les tout petits des yeux, car il n'existe pas de véritable service de surveillance. Les grands iront dans les criques, idéales pour la natation, la plongée et l'initiation à la voile. Enfin, il existe à Bahar ic-Caghaq un parc aquatique où grands et petits auront le choix entre les toboggans d'eau, la piscine et le parc des «dinosaures».

Les *festi*, ou fêtes religieuses, sont parfois plus amusantes pour les enfants que pour les adultes. Elles se succèdent tout l'été en fins de semaines (l'office du tourisme vous donnera une liste des dates et lieux). Il y a des défilés, parfois de petites foires, et le samedi soir, des feux d'artifice souvent grandioses. Des défilés de «carnaval» ont lieu les jours qui précèdent le Carême. Les plus belles fêtes (à suivre de loin pour éviter la foule) sont celles de la Saint-Georges à Qormi et de la Saint-Nicolas à Siġġiewi, celles qui ont lieu à la fin de juin à Malte, et celle de la mi-août à Victoria (Gozo).

Les enfants aimeront l'*Imnarja*, fête folklorique qui se tient dans les Buskett Gardens. Juste après, également fin juin, une course d'ânes anime la proche ville de Rabat. On peut assister à d'autres courses d'ânes à Victoria – et aussi de chevaux –, en juillet, pour la Saint-Georges, et sur les deux îles en août, autour de l'Assomption. Quant aux défilés du carnaval, ils ont lieu les jours qui précèdent le Carême. Enfin, le 8 septembre se déroule dans le Grand Port de La Valette une *Regatta* pour célébrer Notre-Dame-des-Victoires.

A Malte, les St. Anton Gardens abritent quelques animaux, dont des oiseaux.

Gardes d'enfants. La liste des services spécialisés figure dans la presse locale et dans le guide *What's On*.

NOMS DE LIEUX.

Voir également LANGUE. Les Maltais aiment bien entendre prononcer correctement les noms de leurs localités. Voici la liste des principaux sites mentionnés dans ce guide, avec leur prononciation approchée:

Birżebbuġa	bir-zi-BOU-dja	Mqabba	IM-khab-ba
Borġ in-Nadur	bordj ine-na-DOUR	Naxxar	NA-char
Ġgantija	dji-GANN-ti-ya	Qala	KHA-la
Għar Dalam	ar DA-lam	Qawra	KHAO-ra
Għar Ħassan	ar has-SANE	Qormi	KHOR-mi
Għar Lapsi	ar LAP-si	Saqqajja	sa-KHAÏ-ya
Għarb	arb	Siġġiewi	SIDJ-ié-oui
Ħaġar Qim	ha-djar KHIM	Tarxien	TAR-chine
Marsamxett	mar-sam-CHETT	Xagħra	CHA-ra
Marsaxlokk	mar-sa-CHLOK	Xlendi	CHLENN-di
Mdina	im-DI-na	Żebbuġ	zé-boudj
Mġarr	im-DJAR	Żejtun	ZAYE-toune

O **OBJETS PERDUS** *(lost property)*. Il faut commencer par chercher sur les lieux même où vous pensez avoir perdu tel ou tel objet; les Maltais sont en général scrupuleusement honnêtes. Pourtant, si les recherches se révèlent infructueuses, adressez-vous au poste de police le plus proche.

OFFICES DU TOURISME *(tourist information office)*. Le bureau d'Air Malta à l'aéroport pourra vous fournir divers renseignements et vous conseiller sur le choix d'un hôtel. Pour obtenir des brochures détaillées sur les hôtels et les appartements à louer, vous vous adresserez à l'Organisation nationale du Tourisme *(National Tourist Organization)*, 280, Republic Street, La Valette; tél. 22 44 44, 22 50 48 et 23 82 82.

Il existe aussi un office du tourisme qui fournit brochures et cartes et aide à résoudre tous les problèmes. En voici l'adresse:

I, City Gate Arcade, La Valette; tél. 23 77 47

A Gozo, il faut se rendre au Tourist Information Office à Mġarr (près de l'embarcadère du ferry), tél. 55 74 07 ou à Palm Street, Victoria, tél. 55 64 54 et 55 81 06.

Adresses de quelques représentations maltaises fournissant des informations, en particulier en matière touristique, à l'étranger:

Belgique:	(Ambassade de Malte) 44, rue Jules-Lejeune, 1060 Bruxelles; tél. (02) 343 01 95
Canada/Etats-Unis	(Consulat de Malte) 249 East 35th Street, New York, NY 10016; tél. (212) 725 23 45
France	(Ambassade de Malte) 92, avenue des Champs-Elysées, 75008 Paris; tél. 45 62 53 01
Suisse	(Mission auprès de l'ONU) 2, parc Château-Banquet, 1202 Genève; tél. (022) 731 05 80

PHOTOGRAPHIE *(photography)*. Les sujets, intéressants ou saisissants, ne manquent pas qui séduiront le photographe; citons les falaises aux tons pastel plongeant dans une mer turquoise ou bleu sombre, les vieilles ruelles ou les places autour des églises...

On trouve la plupart des marques de films courantes, mais pas partout. La Valette compte plusieurs bonnes boutiques de photographe.

Il est exceptionnel de pouvoir faire développer rapidement des photos en noir et blanc. En revanche, les films en couleurs sont développés le jour même (les jours ouvrables).

POLICE *(police)*. La plupart des villes ont un commissariat bien signalé, mais certains ne sont pas ouverts 24 heures sur 24. Les policiers, qu'ils soient chargés de régler la circulation ou d'aider les touristes à trouver leur chemin, portent un uniforme sport en coton bleu en été et un uniforme noir en hiver, avec casquette à visière.

POSTES et TELECOMMUNICATIONS *(post office; communications)*

Bureaux de poste. A Malte, le service postal est en général très efficace. Les heures d'ouverture de la poste principale, située dans l'Auberge d'Italie, Merchants Street, à La Valette, sont les suivantes:

Eté (du 16 juin au 30 sept.): de 7 h 30 à 18 h du lundi au samedi

Hiver: de 8 h à 18 h du lundi au samedi

Les postes de quartier sont ouvertes de 7 h 30 à 12 h 45 du lundi au samedi, toute l'année durant.

Le bureau principal de Gozo se trouve au 129, Republic (Racecourse) Street, Victoria. Les horaires sont les mêmes qu'à Malte.

On trouve aussi des timbres dans la plupart des hôtels et dans certains tabacs et magasins. Les boîtes aux lettres sont peintes en rouge.

Poste restante. Si vous désirez faire expédier votre courrier en poste restante, vous devez en avertir à l'avance le bureau de poste concerné (en écrivant au Postmaster General, General Post Office, La Valette, Malte).

Télégrammes. Pour envoyer un télégramme, vous avez le choix entre la Telemalta Corporation, située South Street, à La Valette, ouverte de 8 h à 18 h 30 du lundi au samedi (sauf les jours fériés), le bureau du télégraphe de l'aéroport de Luqa, ouvert tous les jours de 7 h à 19 h, des **119**

bureaux à Sliema, St. Julian's et Gozo, et le bureau central du télégraphe (ouvert jour et nuit), situé, lui, St. George's Road, à St. Julian's. Il n'existe pas de service des télégrammes locaux.

Téléphone. La plupart des cabines, installées dans nombre de rues et de places, sont peintes en rouge; certaines sont construites dans la pierre du pays. Les téléphones publics fonctionnent soit avec des pièces, soit avec une télécarte que l'on peut acheter dans les bureaux Telemalta. Les cabines équipées pour les appels internationaux sont bien signalées. Les renseignements figurant dans l'annuaire sont rédigés en maltais et en anglais. Pour les communications locales, on peut en général appeler directement de sa chambre d'hôtel ou demander une ligne au standard. Certains hôtels permettent aux gens de l'extérieur d'utiliser leur cabine.

Vous pouvez obtenir directement des communications avec des correspondants du monde entier en composant le 00, puis l'indicatif du pays désiré – pour l'international, composez le 194, et le 190 pour les renseignements locaux. Les hôtels ne se privent pas (c'est légal) de percevoir une taxe sur tout appel.

De l'extérieur, composez le code 356 pour obtenir Malte.

Télex/télécopie. Sur demande, votre hôtel peut vous donner accès à son télex/télécopie. Il existe des cabines publiques de télex/télécopie à South Street, à La Valette, et à l'aéroport de Luqa, qui sont ouvertes de 9 h à 17 h 30 du lundi au samedi (jours fériés exceptés) et au bureau central du télégraphe de St. George, ouvert aux mêmes heures du lundi au vendredi (jours fériés exceptés). Il existe aussi des services de transmission de facsimilés aux bureaux centraux de Telemalte, à la Valette.

POURBOIRES. Au restaurant, le service est quelquefois porté sur la note. Il est néanmoins d'usage de laisser un petit pourboire. D'autre part, chasseurs, préposées au vestiaire, etc., vous seront reconnaissants de leur donner la pièce. Quelques suggestions:

Femme de chambre, par semaine	50 ¢
Porteur, par bagage	10–20 ¢
Serveur	5–10%
Préposée aux lavabos	10 ¢
Chauffeur de taxi	10%
Coiffeur	10–15%

RADIO et TELEVISION *(radio; TV)*. Radio Malta propose deux programmes. L'un d'eux, Radio Malta International, diffuse des émissions en anglais et en italien.

La télévision maltaise présente, chaque soir, environ cinq heures d'émissions en maltais et en anglais, dont des films anglais et américains. Chaque jour, un journal télévisé en anglais est présenté.

RECLAMATIONS *(complaints)*. En cas de litige, adressez-vous d'abord au propriétaire ou au gérant de l'établissement concerné. Les Maltais sont des gens aimables qui essaient toujours d'arranger les choses. Si vous n'avez pas obtenu satisfaction, vous pouvez vous rendre à l'Organisation nationale du Tourisme (voir OFFICES DU TOURISME) ou composer le 24 56 15. Là, plainte peut être déposée. Ce numéro est desservi pendant les heures de bureau; hors de ces heures, un répondeur automatique enregistrera votre appel. Les réclamations adressées à la police sont généralement transmises à l'organisation du tourisme.

SANTE et SOINS MEDICAUX *(health; medical care)*. Sous ce climat chaud et humide, comme dans beaucoup de lieux semblables, les nouveaux arrivants sont parfois sujets au «mal du touriste», petits ennuis intestinaux dus à la fatigue, à l'excès de soleil et au changement d'alimentation. A Malte, la nourriture et les boissons sont saines, mais assurez-vous (si possible) que légumes et fruits crus ont bien été lavés.

L'eau est en général potable, mais souvent d'un goût peu agréable. Ne buvez pas l'eau des fontaines. En revanche, celle des hôtels et des immeubles, alimentés par adduction, est tout à fait bonne. La plupart des eaux minérales sont importées. Elles sont d'un prix modique.

N'abusez pas des vins maltais, excellents mais aux effets laxatifs puissants, notamment pour les crus très ordinaires. Si les troubles gastro-intestinaux ou autres durent plus d'un jour ou deux, il est conseillé de consulter un médecin.

Méfiez-vous aussi du soleil, accablant en été. Par prudence, commencez par vous protéger la peau avec une crème solaire ou même avec un «écran» complet si vous voulez bronzer progressivement. Quand il fait très chaud, il n'est d'ailleurs pas mauvais d'avaler des tablettes de sel.

A la campagne, il y a beaucoup d'insectes, à Malte et encore plus à Gozo, surtout au fort de l'été. Certains poux minuscules, invisibles, provoquent des démangeaisons. Pour les éloigner, utilisez une crème spéciale (qui, par ailleurs, calme l'inflammation), que l'on trouve en pharmacie. Même chose pour les moustiques: s'il vous arrive d'en avoir dans votre chambre, achetez un produit bon marché appelé «moon tiger», serpentin que l'on laisse se consumer toute la nuit et qui les

S empêche d'approcher. Il existe aussi un appareil électrique, plus efficace encore mais plus onéreux. Vous trouverez l'un et l'autre en pharmacie.

Assurances. Avant de partir, il serait sage de vérifier si votre assurance maladie couvre bien les frais médicaux (maladie, accident) engagés à l'étranger.

Soins. Ne vous attendez pas, si vous devez aller à l'hôpital à Malte, à être servi «sur un plateau d'argent»... Néanmoins, les équipements et les soins sont d'un niveau acceptable dans l'ensemble. Les généralistes, tous maltais, sont compétents.

En cas d'urgence, votre hôtel vous aidera à trouver un médecin; autrement, adressez-vous à un pharmacien ou appelez le 196, que vous soyez à Malte ou à Gozo. Vous pouvez aussi contacter à:

Malte: St. Luke's Hospital (Gwardamanġa); tél. 24 12 51

Gozo: Craig Hospital (Ghajn Qatet Street, Victoria); tél. 55 68 51

Pharmacies. Elles sont clairement signalées par les mots *Chemist* ou *Pharmacy*. En général, elles suivent les heures d'ouverture habituelles des bureaux et des magasins. Les journaux de fin de semaine donnent la liste des officines ouvertes le dimanche.

SAVOIR-VIVRE. Il n'existe, c'est vrai, aucune organisation «officielle» pour faciliter les échanges entre Maltais et étrangers, mais en est-il besoin? S'ils sont fiers et dignes, les Maltais se montrent aussi aimables et chaleureux. Leur parler des beautés de leur archipel est une bonne façon d'engager la conversation. Il leur arrive d'inviter de parfaits inconnus à prendre un café ou un thé dans un hôtel ou un bar. S'ils vous voient en difficulté pour trouver une adresse, une cabine téléphonique ou un garagiste, ils feront tout leur possible pour vous aider. Que ce soit dans une boutique ou au restaurant, au cours d'une excursion, à la plage ou à la piscine, il est facile d'avoir des contacts avec la population locale. Les jeunes se retrouvent dans les discothèques, qui sont nombreuses.

Ces insulaires, en bons Méditerranéens, sont «décontractés», et ils remettent volontiers les choses au lendemain. Il faut donc insister, sans trop les presser toutefois. Ils reçoivent une éducation catholique stricte et se montrent en général très polis dans les rapports individuels.

Personne ne vous demandera de parler maltais, mais vous verrez les gens s'épanouir si vous leur adressez quelques mots venus, d'ailleurs, tout droit de la langue de Molière ou de celle de Dante, comme *bonġu* («bonjour»), *bonswa* («bonsoir»), *skużi* («pardon», prononcé à peu près comme en italien) et *grazzi* («merci», là encore presque comme en italien). Voir aussi Langue.

122

SERVICES RELIGIEUX *(religious service)*. Les Maltais sont presque tous catholiques. Vous auriez peut-être quelque peine à suivre l'office en maltais; fort heureusement, la messe est célébrée en français, entre autres langues, à différents moments en l'église Sainte-Barbara, Republic Street, La Valette. D'autres confessions ont elles aussi leurs églises à Malte; voir la presse dominicale ou le guide *What's On* ou demander aux consulats/représentations.

TABLES DE CONVERSION. Bien que Malte ait parfaitement adopté les systèmes métrique et décimal, les anciennes habitudes n'ent ont pas moins survécu ici ou là. Ainsi, au pub, on commande toujours des pintes *(pints)* de bière. Les indications ci-dessous pourraient bien vous être utiles dans certains cas.

Températures

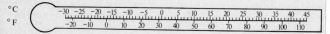

Longueurs

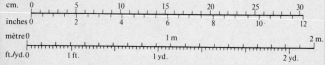

Distances

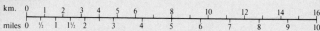

Poids

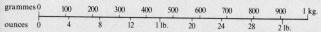

TOILETTES *(toilets)*. Il existe quelques (rares) toilettes publiques à Malte et encore seulement dans les «grandes» villes. Les signes différenciant les toilettes «dames» de celles pour «messieurs» étant peu clairs, il est parfois nécessaire de demander. S'il y a un(e) préposé(e), vous pouvez lui glisser quelques cents. Bien entendu, les cafés et les bars sont équipés de W.C.

T **TRANSPORTS.** Voir aussi Location de Voitures.

Autocars. Les localités maltaises et gozitaines sont reliées par des services réguliers, bon marché et bien organisés. En été, cependant, les véhicules sont bondés et plutôt étouffants. Vous paierez votre place au conducteur. A La Valette, les autocars qui desservent toute l'île partent de la Triton Fountain, juste derrière City Gate. La destination est indiquée sur les véhicules par des numéros; pour savoir à quelles lignes ils correspondent, demandez à la réception de votre hôtel, à l'office du tourisme ou... au chauffeur. Verts à Malte, les cars sont rouges et gris clair à Gozo.

A Victoria (Gozo), la gare routière se trouve dans Maingate Street.

Ferry-boats. Outre l'hélicoptère (en été), il n'y a guère qu'une solution pour se rendre à Gozo: le bateau. S'il existe des services fréquents entre Malte et cette île, ne misez pas trop sur leur régularité par gros temps! Un ferry (passagers/voitures) part tous les matins de Sa Maison Pier, Pietà Creek, à Pietà, à destination du principal port de Gozo, Mġarr. Spacieux, il offre un vaste salon climatisé et une cafétéria. (Le trajet dure 1 heure 15 minutes.)

Un autre bac du même type, mais plus petit et moins cher, relie Ċirkewwa, au nord-ouest de Malte, à Mġarr, plusieurs fois par jour en 20 minutes. En été, il est souvent bondé et inconfortable. Le passage est plus rapide, mais si l'on part de La Valette ou de l'aéroport de Luqa, il faut traverser toute l'île pour atteindre Ċirkewwa.

Pour plus d'information, appelez le 24 39 64 (Sa Maison), le 47 18 84 (Ċirkewwa), le 55 61 14 (Mġarr) ou le 55 60 16 (répondeur automatique).

A Comino, le seul hôtel de l'île assure un service régulier jusqu'à Marfa (Malte) et Gozo et retour au moins six fois par jour en saison. Pour tout renseignement, téléphonez au 47 34 64/47 30 51. En été toujours, un hydroptère relie Sa Maison, Sliema et Bugibba à Gozo.

Taxis. Les voitures de couleur blanche sont signalées par le mot «taxi» et portent des plaques minéralogiques rouges.

Tous les taxis sont équipés de compteurs et le chauffeur vous donnera volontiers une estimation du coût de la course. Celui-ci s'attend à un léger pourboire (10% environ), surtout s'il vous a aidé à porter vos bagages.

On trouve de nombreux taxis à l'aéroport, devant les grands hôtels, dans les centres touristiques et aux débarcadères.

Le réceptionniste de votre hôtel se chargera d'appeler un taxi.

Fiacres. Apparu dans les années 1850, le *karrozzin,* ou voiture à cheval, ne sert plus aujourd'hui qu'à promener les touristes dans La Valette, Mdina et Sliema. Pour un prix qu'il faut absolument négocier à l'avance, vous pourrez, en une heure (ou plus), faire le tour des monuments les plus importants de ces villes. On trouve des fiacres devant la Customs House ou dans Great Siege Square à La Valette; devant le Hilton à St. Julian's; au terminus des ferry-boats sur la Promenade, à Sliema; et tout près de Bastion Square (ou de Mdina Gate), à Mdina.

Bateaux-taxis. Les *dghajjes,* bateaux-taxis aux couleurs gaies qui rappellent un peu les gondoles, font la navette entre les grands ports de Malte. On peut louer un *dghajsa* (prononcer «DAÏ-sa») à la Customs House de La Valette et sur les quais de Senglea et de Vittoriosa. Il faut, là encore, fixer le prix de la course à l'avance.

URGENCES *(emergency).* Voici des numéros de téléphone utiles en cas d'accident ou de toute autre urgence:

Police	191
Ambulance	196
Pompiers	199

Pour les accidents de la route, voir CONDUIRE À MALTE.

Index

Les numéros suivis d'un astérisque renvoient à une carte. Le sommaire des *Informations pratiques* figure en page 2 de couverture.

INDEX